高等职业教育智能网联汽车技术专业教材

智能网联汽车数据分析
Zhineng Wanglian Qiche Shuju Fenxi

厦门金龙联合汽车工业有限公司
北京汇智慧众汽车技术研究院　组织编写

陈继飞　刘晓攀　主　编
李　亮　庞成立　肖　芳　副主编

人民交通出版社股份有限公司
北京

内 容 提 要

本书是高等职业教育智能网联汽车技术专业教材。全书分为六个模块,主要内容有:智能网联汽车数据分析概述、智能网联汽车串口数据分析技术、CAN 总线数据分析技术、车载以太网数据技术、智能网联汽车系统模块数据分析、智能网联汽车常用数据标准协议。

本书可作为高职高专院校智能网联汽车技术专业的教学用书,也可作为汽车智能技术、智能网联汽车技术领域相关技术人员的培训教材。

图书在版编目(CIP)数据

智能网联汽车数据分析/陈继飞,刘晓攀主编. —北京:人民交通出版社股份有限公司,2024.2
ISBN 978-7-114-19224-1

Ⅰ.①智… Ⅱ.①陈…②刘… Ⅲ.①汽车—智能通信网—高等职业教育—教材 Ⅳ.①U463.67

中国国家版本馆 CIP 数据核字(2024)第 017693 号

书　　名:	智能网联汽车数据分析
著 作 者:	陈继飞　刘晓攀
责任编辑:	张一梅
责任校对:	赵媛媛　魏佳宁
责任印制:	刘高彤
出版发行:	人民交通出版社股份有限公司
地　　址:	(100011)北京市朝阳区安定门外外馆斜街 3 号
网　　址:	http://www.ccpcl.com.cn
销售电话:	(010)59757973
总 经 销:	人民交通出版社股份有限公司发行部
经　　销:	各地新华书店
印　　刷:	北京市密东印刷有限公司
开　　本:	787×1092　1/16
印　　张:	10.5
字　　数:	246 千
版　　次:	2024 年 2 月　第 1 版
印　　次:	2024 年 2 月　第 1 次印刷
书　　号:	ISBN 978-7-114-19224-1
定　　价:	36.00 元

(有印刷、装订质量问题的图书,由本公司负责调换)

前言 | PREFACE

近年来,全球新一轮的科技革命和产业变革加速推进,新一代信息技术及其深度应用已经推动人类社会步入新的发展阶段,智能经济蓬勃发展,对经济社会发展影响深远。汽车技术的发展日新月异,电动化、网联化、智能化、共享化成为汽车产业发展潮流和趋势。目前,我国汽车产业迅速发展,自主品牌市场份额逐年提高,关键零部件供给能力明显增强,新能源汽车产业体系日渐完善,蓄电池、电动机、电控系统及整车智能化具有较强的国际竞争力,这为智能汽车的发展奠定了坚实的基础。2015 年 5 月,国务院印发《中国制造 2025》,汽车被列入"十大重点领域","智能网联汽车"首次在国家政策层面正式提出。2019 年 9 月,中共中央、国务院印发《交通强国建设纲要》,提出加强智能网联汽车(智能汽车、自动驾驶、车路协同)研发,形成自主可控完整的产业链。国家发展和改革委员会、工业和信息化部等 11 个部门联合发布《智能汽车创新发展战略》,提出到 2025 年,实现有条件自动驾驶的智能汽车达到规模化生产,实现高度自动驾驶的智能汽车在特定环境下市场化应用。2021 年 2 月,国务院印发《国家综合立体交通网规划纲要》,提出推进智能网联汽车(智能汽车、自动驾驶、车路协同)应用,推动智能网联汽车与智慧城市协同发展。在政策、技术与市场等多重因素的影响下,汽车产业作为国民经济的重要支撑产业,与能源、交通、信息通信等领域有关技术加速融合,正朝着网联化、智能化进程加速推进。智能网联汽车技术的发展已进入快车道。然而,目前国内高职院校汽车专业人才培养供给难以满足智能网联汽车产业发展需求。

2021 年 4 月,中国汽车工程学会、国家智能网联汽车创新中心发布了全国职业院校《智能网联汽车专业建设白皮书(2021 版)》,为职业院校智能网联汽车技术专业建设提供了思路。为了抓住汽车产业智能化发展战略机遇,满足行业对智能网联汽车技术专业人才的需求,加快推进智能汽车技术创新发展,人民交通出版社股份有限公司组织相关院校教师与企业专家共同开发了高等职业教育智能网联汽车技术专业教材。本套教材具有以下特点:

1. 以爱党、爱国、爱社会主义、爱人民、爱集体为主线,围绕政治认同、家国情怀、文化素养、宪法法治意识、道德修养等因素,深入挖掘教材内容中蕴含的思政资源,提炼并利用教材思政元素,寓价值观引导于知识传授和能力培养之中,帮助学生树立正确的世界观、人生观、价值观,实现全员全程全方位育人。

2. 立足先进的职业教育理念,紧跟汽车新技术的发展步伐,结合智能网联汽车技术专业的人才培养模式和课程体系设置等进行教材内容设置,及时反映产业升级和行业发展需求,体现新知识、新技术、新工艺、新方法、新材料。

3. 以就业为导向,以职业技能培养为核心,注重学生实践应用能力的培养和技能的提升,使学生培养过程实现"理实一体化",旨在为行业培养高素质的智能网联汽车技术技能人才。

4. 教材呈现形式立体化,借助现代信息技术,科学整合多媒体、多形态、多层次的教学资源,教材的知识点以二维码链接数字资源,满足学生个性化学习的需求,提升教材使用体验。

《智能网联汽车数据分析》是本系列教材之一。全书由西南林业大学陈继飞、德宏职业学院刘晓攀任主编,厦门金龙联合汽车工业有限公司李亮、大连职业技术学院庞成立、四川传媒学院肖芳任副主编。教材编写分工为:陈继飞编写模块一和模块二;李亮编写模块三;刘晓攀编写模块四;肖芳编写模块五;庞成立编写模块六。参与教材编写的还有北京工业职业技术学院王会、山东潍坊职业学院张勇、德宏职业学院陈亚男、贵州兴义民族师范学院张娟利、厦门技师学院朱建风、云南现代职业技术学院刘林。在教材编写过程中,还得到了厦门金龙联合汽车工业有限公司阿波龙事业部(智能网联汽车技术研究所)、北京汇智慧众汽车技术研究院、成都融畅易和科技有限公司、成都未有科技有限公司的大力支持,力求把此教材打造成为校企合作、岗课证融通的示范性教材,在此对这些单位表示衷心的感谢。作者在编写过程中,引用了一些网上资料和相关文献的内容,特向其作者表示诚挚的谢意。

智能网联汽车技术是一个新专业,涉及的新技术较多,限于作者水平,书中难免出现疏漏或错误之处,恳请读者给予指正。

作　者

2023 年 10 月

目录 | CONTENTS

模块一　智能网联汽车数据分析概述 ··········· 1
　　一、智能网联汽车数据架构与数据采集 ··········· 1
　　二、智能网联汽车数据的分类与特点 ··········· 5
　　三、智能网联汽车数据分析目的与意义 ··········· 6
　　四、智能网联汽车 T-BOX 系统 ··········· 9
　　技能实训 ··········· 16
　　思考与练习 ··········· 17

模块二　智能网联汽车串口数据分析技术 ··········· 19
　　一、串口通信及其在数据分析中的意义 ··········· 19
　　二、RS232 数据通信基本原理 ··········· 20
　　三、RS485 数据通信基本原理 ··········· 21
　　四、RS232/485 数据分析常用软件介绍 ··········· 23
　　技能实训 ··········· 27
　　思考与练习 ··········· 28

模块三　CAN 总线数据分析技术 ··········· 30
　　一、CAN 总线通信基本原理 ··········· 30
　　二、CAN 总线数据分析常用软件介绍 ··········· 38
　　三、CAN 总线数据故障分析技术 ··········· 43
　　四、DBC 文件的原理、制作与使用方法 ··········· 46
　　五、CAN 数据分析在智能网联汽车方面的应用 ··········· 52
　　技能实训 ··········· 54
　　思考与练习 ··········· 55

模块四　车载以太网数据技术 ··········· 56
　　一、车载以太网概述 ··········· 56
　　二、车载以太网架构 ··········· 61
　　三、车载以太网测试 ··········· 68
　　四、以太网数据分析常用分析软件介绍 ··········· 72

技能实训 ……………………………………………………………… 77
　　　思考与练习 …………………………………………………………… 77

模块五　智能网联汽车系统模块数据分析 …………………………… 79
　　　一、感知系统关键数据构成与分析方法 ……………………………… 79
　　　二、规划控制系统关键数据参数分析方法 …………………………… 97
　　　三、智能网联车辆数据存储与灾备防护技术 ………………………… 103
　　　技能实训 ……………………………………………………………… 110
　　　思考与练习 …………………………………………………………… 111

模块六　智能网联汽车常用数据标准协议 …………………………… 113
　　　一、J1939 数据协议 …………………………………………………… 113
　　　二、《汽车行驶记录仪》(GB/T 19056—2021) ……………………… 120
　　　三、《电动汽车远程服务与管理系统技术规范》(GB/T 32960—2016) …… 123
　　　四、《道路运输车辆卫星定位系统　视频通讯协议》(JT/T 1078—2016) …… 135
　　　五、V2X 系统数据通信协议 ………………………………………… 150
　　　技能实训 ……………………………………………………………… 156
　　　思考与练习 …………………………………………………………… 157

参考文献 …………………………………………………………………… 159

模块一 智能网联汽车数据分析概述

学习目标

▶ **知识目标**

1. 了解智能网联汽车数据架构与数据采集系统;
2. 理解智能网联汽车数据分析目的与意义;
3. 理解智能网联汽车 T-BOX 数据采集系统。

▶ **技能目标**

熟练运用 T-BOX 相关操作。

▶ **素养目标**

1. 通过课程教学活动,培养学生独立学习、系统性分析和处理信息的能力,全面领悟智能网联汽车数据分析的构架,激发创新意识;
2. 通过技能训练,培养学生团结协作、安全生产、规范操作的职业素养,弘扬劳动精神、奋斗精神、奉献精神;
3. 通过教学和技能训练,培养学生理论联系实际、与实践相结合的素养。

一 智能网联汽车数据架构与数据采集

随着新一代信息技术、人工智能等领域的飞速发展,智能化、网联化已经成为汽车产业新的战略制高点。目前,根据汽车智能网联系统在自动化程度中实现的情况,即系统在执行动态驾驶任务中的角色分配,以及有无设计运行条件限制,可将自动驾驶分为单车智能自动驾驶和智能网联自动驾驶。

单车智能自动驾驶是指搭载先进传感器装置,运用人工智能等新技术,具备自动驾驶功能,但智能网联系统不参与自动驾驶,联网后的主要目的是用于娱乐、导航等其他功能。

智能网联自动驾驶是指搭载先进的车载传感器、控制器、执行器等装置,并融合现代通信与网络技术,实现车与X(车、路、行人、云端等)智能信息交换、共享,具备复杂环境感知、智能决策、协同控制等功能,可实现车辆"安全、高效、舒适、节能"行驶,并最终可实现替代人来操作,智能网联系统参与自动驾驶的感知、决策与控制。因此,在自动驾驶领域的智能网联指的是后者，本书所述的也是自动驾驶领域的智能网联系统。

无论是单车智能自动驾驶，还是智能网联自动驾驶，汽车都集成了大量先进的传感器、雷达等设备，行驶过程中会不断地采集环境感知的信息，包括道路信息、车辆工况的信息，还有驾驶人员以及乘客的个人信息，对这些设备数据的实时采集监测是智能驾驶汽车开发、维护和检修的重要工作之一。传统汽车的数据采集监测系统一般由检测仪表、示波器和频率分析仪等组成，其系统体积大、成本高、智能化程度低、采集数据不稳定，难以满足智能网联汽车对数据采集系统实时化、标准化的需求。

1. 数据架构

智能网联汽车数据体系架构见表1-1。主要分为静态信息与实时信息两种。静态信息中包括车辆信息和能量信息，其中车辆信息由 VIN 码、型号、最高车速、动力类型、行驶里程、挡位及其传动比和车辆行驶方向组成。能量信息由发动机编号/储能系统编码、燃料类型/储能装置类型构成、燃料编号、最大输出功率、最大输出转矩和额定电压组成。实时信息包括整车数据、报警数据和其他相关数据，其中整车数据由车辆状态、燃料状态、运行模式和车辆速度构成，包括了挡位、GPS 数据、经度、纬度、时间戳和加速度等详细信息。报警数据由最高报警等级、通用报警标志、故障码，以及发动机/动力蓄电池/电机故障总数及其他故障和报警方式组成。其他相关数据由环境感知、响应状态、车辆灯光、车辆光信号状态、车辆周围情况视频监控、人机交互车内视频记录、语音交互记录和车辆接收远程控制指令等构成。

智能网联汽车数据体系架构　　　　　　　　　表1-1

名称	信息类别	内容
静态信息	车辆信息	VIN 码　型号　最高车速　动力类型　行驶里程　挡位及其传动比　车辆行驶方向
静态信息	能量信息	发动机编号/储能系统编码　燃料类型/储能装置类型　燃料编号　最大输出功率　最大输出转矩　额定电压
实时信息	整车数据	车辆状态　燃料状态　运行模式　车辆速度　挡位　GPS 数据　经度　纬度　时间戳　加速度
实时信息	报警数据	最高报警等级　通用报警标志　故障代码　发动机/动力蓄电池/电机故障总数　其他故障　报警方式
实时信息	其他相关数据	环境感知　响应状态　车辆灯光　车辆光信号状态　车辆周围情况视频监控　人机交互车内视频记录　语音交互记录　车辆接收远程控制指令

2. 数据采集系统总体构成

LabVIEW 图形化编程软件是目前测控领域的主流技术之一。其基于数据流的编译型图形编程环境，利用简单的图形编程方式替代复杂而烦琐的语言编程，可方便地完成信号的调理、采集与测量，广泛应用于军事、工业、通信等行业。基于已有的智能汽车开发平台，设计该平台数据采集监测系统，可以满足智能网联汽车的智能化装备对数据采集系统的实时化、标准化需求。

智能汽车智能网联开发平台数据采集监测系统的基本任务是完成车辆平台信息的读取

和显示。系统的整体设计架构如图1-1所示,主要包括采集系统、工控机及软件部分。采集系统部分由传感器模块、信号处理模块以及数据采集设备(CAN分析仪、数据采集板卡)组成。采集信号主要来自车辆平台传感器模块采集的信号,经过信号调理模块进行调理得到的模拟信号、数字I/O信号和CAN总线通信信号,这些信号提供给采集设备。工控机及软件部分主要由工控机、虚拟仪器面板、设备驱动程序、LabVIEW软件环境和LabVIEW函数库构成。根据图1-1所示的数据采集监测系统架构,在数据采集车辆上搭建如图1-2所示的数据采集系统监测平台,以便于收集车辆运行实时信息数据,用于后续的分析工作。

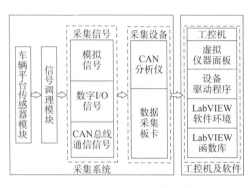

图1-1 数据采集监测系统架构　　　　图1-2 数据采集系统监测平台

3. 数据采集监测系统工作原理

数据采集监测系统以车辆开发平台传感器模块为基础,通过信号处理模块对传感器采集到的原始信号数据进行预处理,将其转化为数据采集设备可识别的电压信号,并完成信号的稳压滤波处理,得到数字I/O(输入/输出)信号、模拟信号和CAN总线信号;数据采集板卡完成数字信号和模拟信号的数据采集,并通过USB接口将信号上传至工控机,CAN总线信号经过CAN分析仪由USB接口上传至工控机;工控机为微型电脑,集成了数据采集板卡、CAN分析仪驱动程序、数据采集板卡驱动程序及LabVIEW图形化编程软件的平台,可以实现信号的读取、显示和存储,并最终将采集到的信号通过数据采集监测系统显示面板展示给用户,完成对车辆状态的实时监测。

4. 数据采集监测系统模块

(1)传感器模块。

数据采集监测系统的车辆开发平台传感器模块集成了多个测量用传感器,传感器的具体参数见表1-2。

(2)信号处理模块。

LabVIEW通过滤波器对数据采集板卡采集的传感器原始信号进行相应处理,去除不符合预期实验结果的频率成分,提高采集信号的准确性。通常可选用的滤波器有Elliptic滤波器、Chebyshev滤波器和InverseChebyshev滤波器。因各滤波器对数据的处理方式不同,滤波波形呈现出较明显的差别。因此,在实际程序设计过程中,应根据实际需要选择合适的滤波器对信号进行处理。

(3)采集设备。

采集设备由工控机、数据采集板卡和CAN分析仪组成。根据数据采集系统的设计要求,选用 PCIe-6320 数据采集板卡。PCIe-6320 数据采集板卡输入阻抗达 10GΩ,能有效减小干扰电流对输入信号的影响,提高数据采集的精确度;灵敏度极高,能检测到最小电压为 4mV 的输入信号;PCIe-6320 数据采集提供多种不同模式的连接信号方法,包括 8 个差分信号及 16 路模拟输入通道的非搭铁单端模式等,可实现模拟和数字量的输入和输出、A/D 转换、定时和计数等。CAN 分析仪具有较强的数据分析能力,体积小巧、即插即用,符合车辆开发平台的设备布置要求;CAN 接口卡自带 USB 接口,集成了 CAN 接口电气隔离保护模块,可以避免由于瞬间过流/过压对设备造成损坏,可靠性好;CAN 兼容的 USB2.0 接口符合相关协议规范,通过 USB 接口可快速连接至整车 CAN 局域网络,进行数据采集处理。

传感器参数　　　　　　　　　　　　　　　　表 1-2

名称	型号	传感器参数
加速踏板位置传感器	HT-3500	0.3 ~ 10.1V
转矩传感器	AKC-215	0 ~ 25N·m
温度传感器	Swd100	−25 ~ 125℃
转速传感器	AKC-215	0 ~ 3000r/min
车速传感器	KJT49800	0 ~ 120km/h
转角传感器	KMT37	−360° ~ 360°
激光雷达	HDL-64/HDL-32/VLP-16	120m/100m
摄像头	COMS	≥850 × 675
毫米波雷达	<60m/100m/200m	24GHz/77GHz
超声波雷达	AK2	0.3 ~ 2.0m

(4)工控机。

所选 MIC-7700 型工控机支持 2 千兆级传输速率的局域网口、8 个 USB3.0 端口、6 个串行端口、3 个独立显卡和各种可选模块,通过处理器提供高度灵活的扩展能力、良好的计算能力和可选 I/O 模块。工控机主要包括虚拟仪器显示板、板卡驱动程序和 CAN 分析仪驱动程序、LabVIEW 软件编程环境和 LabVIEW 函数库。工控机的工作流程如图 1-3 所示,在数据采集系统开始工作之前,首先要确保车辆处于正常状况,动力蓄电池电量充足,整车平台无错报故障等情况发生,检查工控机、数据采集板卡和 CAN 分析仪是否连接正常、供电是否正确。在确认硬件设备连接正常之后,起动车辆,开启数据采集系统,在 CAN 分析仪驱动程序中,对 CAN 总线进行配置,完成初始化设置,之后启动系统进行数据采集。

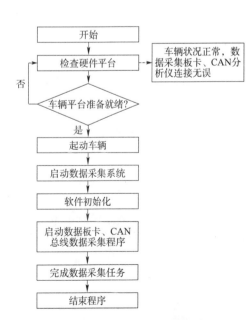

图 1-3　工控机工作流程图

二 智能网联汽车数据的分类与特点

1. 数据的分类

从软硬件架构而言,智能网联汽车自动驾驶系统的实现主要依赖感知、决策与执行三大模块。智能网联汽车在行驶过程中以各类惯性导航、雷达、视觉等传感器搜集车辆动态与周边环境数据,将数据传输至车载计算平台进行分析并做出相应决策,最后由决策层发送指令至执行模块改变车辆行驶状态。因此,整个过程中产生的或涉及的数据可以归类为车辆基本数据、感知数据、风险等级数据、运行数据、用户数据以及决策规划数据六类数据类型。

车辆基本数据包括车辆标识数据、车辆属性数据、核心零件数据。感知数据包含感知系统数据和感知融合数据。感知系统数据由雷达感知数据、网联感知数据、视频感知数据和高精定位感知数据构成,而感知融合数据由交通信息数据、自然环境数据、道路属性数据和位置数据构成。风险等级数据包括感知、决策和执行等层面风险的高中低风险因子。运行数据主要由整车状态数据、整车性能数据、人员状态数据、部件运行状态数据和ADAS(高级驾驶辅助系统)状态数据构成。用户数据主要由一般用户数据和用户隐私数据组成。决策规划数据主要由驾驶员操作数据、系统决策数据和系统控制数据构成。详细的智能网联汽车数据分类如图1-4所示。

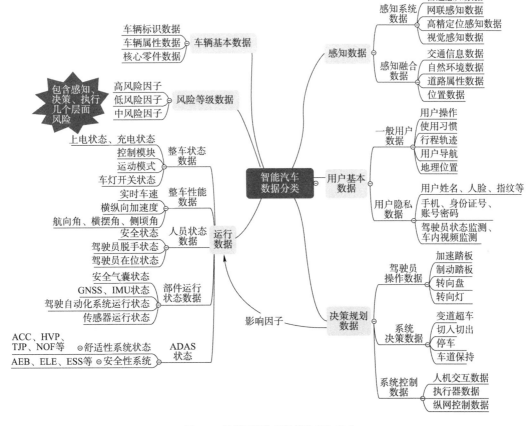

图1-4 智能网联汽车数据类型与组成

2. 数据的特点

智能网联汽车数据具备多样性、交互性、时效性三大特征。其中，多样性是指数据来源、类型、接口格式、价值密度多样。交互性是指使用各种算法、软件、操作服务系统可以使不同数据之间进行流转、交互、融合。时效性是指及时处理动、静态数据，缩短各环节时间间隔，提高数据的价值。

三 智能网联汽车数据分析目的与意义

1. 智能网联汽车数据分析的目的

车辆定位是汽车实现智能网联的关键所在。依托于人工智能的发展，车辆定位技术不断发展成熟。通过激光和GPS（全球定位系统）技术，汽车在驾驶过程中，智能网联自动驾驶系统能够实时接收道路信息，通过激光导航、视觉导航等识别车辆所处的地理位置，并主动向驾驶系统发送道路信息，以帮助车辆导航做出正确的驾驶选择。

图像识别是智能网联汽车自动驾驶系统分析周围环境的重要技术基础。人工智能技术能够借助图像抓取和大数据分析帮助汽车有效识别环境图像。例如，在车辆进行智能网联的过程中，车辆需要及时识别路况，汽车的视觉传感器会自动抓取道路上的行人信息和交通信号灯的颜色。当驾驶系统接收到这些信息后便会自动进行数据处理和分析，而后直接反映给汽车执行系统。当道路上有行人或交通信号灯为红灯时，车辆便会做出自动减速、停车等驾驶选择。

智能网联汽车中的信息共享主要是不同汽车之间对实时路况、车辆位置信息的共享。在人工智能技术的辅助下，智能网联汽车能够及时获取实时驾驶信息，并通过无线互联网上传到网络，而其他的汽车在分享自身获取到的信息时也能获取其他车辆分享的信息，同时在人工智能的辅助下，得以对海量的共享信息进行抓取分析，以筛选出对自身驾驶有益的信息。人工智能还能帮助智能网联汽车实现对无用信息的销毁处理，一旦抓取的共享信息失去时效性，便自动进行删除处理，保证智能网联汽车能够获取最新的信息。

深度识别是人工智能在智能网联汽车中的典型应用。深度识别以传感器为依托，能够及时获取环境信息并进行分析处理。人工智能的特点就是能够以深度学习为基础，不仅满足了环境处理的精度要求，而且能够在计算机技术的帮助下获得更成熟的感知和分析能力。在车辆完成智能网联的过程中，汽车十分依赖数据、计算机资源和算法。通过将人工智能技术和云服务相结合，汽车智能网联系统就能迅速获得实时数据，通过复杂的算法将结果直接发送到驾驶决策系统，实现真正的智能化驾驶。对于汽车内部，人工智能也能帮助实现优化驾乘体验。例如，通过人脸自动识别技术检测驾驶者，通过监控和分析计算驾驶者的驾驶喜好，并传达给中央控制系统，从而自动调节车内座椅和温度等；或是实时检测驾驶者的情况，通过观察其头部和眼睛注视情况等，分析其是否有疲劳驾驶、酒驾、分心驾驶等情况并及时发出警报，以保证驾驶的安全性。深度识别能够大幅度提升汽车自动化驾驶的水平和质量。

在先进的技术和算法的支撑下，人工智能技术不断发展。汽车产业与人工智能不断融合发展，其自动化和智能化的程度不断提高。大量互联网企业和汽车企业进军智能网联汽车行业,智能汽车时代即将来临。随着企业自主研发能力的提升和技术壁垒的突破,智能网联汽车将会为消费者提供更安全、更便捷高效的驾驶体验,让智慧出行成为可能。因此,必须顺应时代发展的趋势,不断推进汽车智能网联系统的发展,提升汽车产品的市场竞争力,以人工智能推进汽车行业的现代化发展,而对数据进行分析,并将其不断反馈应用到智能网联汽车自动驾驶系统中,且持续完成相应的收集分析再反馈的螺旋上升式提升策略,是使智能网联汽车技术趋于完善的保障。

2. 智能网联汽车数据分析的意义

目前,世界各国纷纷开展智能网联汽车研发、测试、管理及应用的数据分析,并考虑为其制定相应的标准或法规。然而,近年来国内外的智能网联汽车多次出现致人伤亡的道路交通事故,说明智能网联汽车系统尚存在着诸多不稳定性,系统需要在更广范围的交通环境中进行海量试验,并进行智能网联自动驾驶的数据分析,充分考虑道路环境和交通参与者的多方面因素,全面验证相关功能。当前,智能网联汽车测试评价体系基于某些特定条件和指标,场景局限性较大,对于复杂场(如智能网联和人工驾驶车辆混行等)、极限场(如模拟道路交通事故的场景等),无法测试评价智能网联汽车完成感知决策任务的情况。因此,建立符合中国实际交通情况的车辆智能网联场景数据库,通过对数据进行分析,推动提升智能网联汽车测试的科学性、有效性和规范性显得尤为必要。

通过采集和分析智能网联汽车脱离数据和事故数据可以得出智能网联的脱离大多发生在城市道路上,主要原因是智能网联的软件差错;智能网联汽车和普通汽车的交通事故特征相似,主要是多车事故且多为双车事故,事故程度比普通汽车低,没有对撞事故,碰撞类型主要是城市道路交叉口追尾;其他道路用户的不规范交通行为对智能网联汽车的干扰较大;加强行人和自行车交通管理、提高标志标线能见度、合理规划车道、清除混乱道路环境和提高特殊路段抗滑性能等措施可以提高智能网联汽车的行驶安全。在公共道路上进行驾驶测试是检验智能网联汽车驾驶安全性的必要手段,是认知智能网联技术的有效途径,是提出道路设施改善措施的前提,即实现智能网联的基础资源包括如下几个方面。

(1)及时更新的道路基础数据资源。

由于道路的施工及各类外界因素影响,道路状况存在不可预知的变化,需要有及时更新道路基础数据资源的机制。

(2)实时的环境感知系统。

尽管各类数据搜集方式保证了一定的道路信息更新,但是还不足以应对实时行驶过程中所处道路状况的变化。周围物体(车辆、行人、信号灯、标识等)都是智能网联汽车实时参数计算所需的重要变量,而这些数据都需通过智能网联汽车的实时环境感知系统来获得。

(3)理解模型及控制计算模型。

理解模型指的是对智能网联汽车所处环境、周围存在物体在感知基础上的行为理解,而控制计算模型是在这些理解基础上,对汽车操作参数的生成过程。

(4)云端混合的计算资源。

由于智能网联汽车的实时性要求极高,在云端的计算模型情况下,不能保证及时性,因此终端的计算处理能力就显得十分重要,在未来可见的时间内,智能网联汽车的最终决策计算都应该在终端完成。

(5) 通信网及物联网。

通信网保证云端与终端实时的数据交互,而物联网保证智能网联与周围物体的实时通信,需要一个基础通信网关做底层支撑,即智能网联汽车所需的周围环境感知数据,除了通过激光测距仪、摄像头等感知的数据,其余数据都通过基础的通信网关获得。

(6) 大数据处理技术架构。

大数据处理技术架构的意义在于在云端实时地处理智能网联汽车传来的道路数据,识别可以被以后处理应用和更新的数据,需要实时处理,并把对应的理解数据传给智能网联汽车等。在实现过程中,大数据处理技术架构需实现根据智能网联汽车的目的地及实时的道路情况,自主地把云端存储的道路数据,如道路上的交通标识数据传给终端,进行数据准备;还可以根据智能网联汽车的实时感知数据,把其对物体的理解及将对智能网联汽车产生影响的各类模型传给计算终端,如对于公交汽车,可以把公交汽车的路线、到站及历史行为的理解模型传给终端。

基于大数据分析的智能网联汽车云端计算平台的超强运算能力不仅满足了不同车型、不同场景的需求,还满足了个性化驾驶的需求。智能网联汽车 AI(人工智能)数据空间的构建技术能达到数据质量和有效访问的要求,使云端计算平台对各个类型、各个领域的数据进行统一和交换共享,从而更好地构建数据信息互通的框架,解决数据链接的问题,完成信息数据的收集和发布。基于此,可以研究不同车型、不同驾驶风格下应对多种环境的 AI 计算问题,让智能网联汽车在感知、决策和执行三个方面更加智能化,进而完善汽车智能网联技术。其主要基于以下技术。

①云端数据空间构建技术。为了降低目前智能网联系统中 AI 数据处理以及信息服务的难度,通过对很多环境中不同种类的车辆进行调查,加快对信息数据的研究,以及根据时变等特征整理智能网联系统的数据,并建立数据库对收集的数据进行空间构架,利用建模技术,控制好二者之间的联系。

②车云协同技术。在不同车况场景的应对中,不管是智能网联汽车的在线 AI 学习训练,还是离线数据的交互处理,都是为了感知行车环境、智慧通行和对行车动作进行优化控制。车端与云端都需要大量数据信息交流共享,AI 的智能网联汽车、云两端协同操作主要是解决汽车和云端平台这两者之间的数据统一和信息传递的问题。车身传感器会对 GPS/INS(全球定位系统/惯性导航系统)数据、毫米波雷达数据等节点进行数据采样,分析多媒体数据(如行车记录仪、倒车影像等),并将这些数据经过传感器通过一定的频率传输给云端数据库,对其进行线上、线下、溯源处理。云端系统在大数据背景下,能快速进行数据传输与收集,通过云计算进行精密的分析与处理。根据 AI 集成应用算法研究的智能驾驶控制模型,能极大地提高驾驶过程中的安全系数。

③物联网技术打通信息。将手机与智能网联汽车相连,整合手机的偏好信息与智能网联汽车的行车信息,能够更好地提供个性化的服务。如将手机中的日程安排信息发送到智能网联汽车,使得智能网联汽车可以提前规划好出行路线和行程。将智能家居(如智能冰箱)与智能网联汽车相连,使得智能网联汽车可以自动加入生活必需品采购的行程。智能网

联汽车与智能网联汽车相连,可以构建全新的社交信息分享平台。

④眼动追踪。通过感知仪器进行眼动追踪,测量眼睛注视点的位置或者眼球相对头部的运动来收集详细的技术信息,记录用户观看(和没有观看)的位置以及观看的时间。通过眼动追踪,分析乘客的行为。

四 智能网联汽车 T-BOX 系统

汽车远程服务提供商(Telematics Service Provider,TSP)居于汽车网联生态圈的核心地位,上接汽车、T-BOX 制造商、网络运营商,下接内容提供商。TSP 通过车联网智能终端(Telematics BOX,T-BOX),也称远程信息处理控制单元(Telematics Control Unit,TCU),集成了 GPS、外部通信接口、电子处理单元、微控制器、移动通信单元和存储器等功能模块。T-BOX 对内与车载 CAN 总线相连,对外通过云平台实现车辆终端、手持设备、路侧单元(Roadside Unit,RSU),以及使用 V2V、V2R、V2H、V2S 通信的公共网络之间的信息交互。

1. T-BOX 工作状态

T-BOX 分 7 种工作状态,每种状态以 B+、ACC、通信(通话、数据、短信)、GPS、CAN 的不同状态表示。

ON:开启,包括正在使用和未使用;OFF:关闭,该功能禁止使用;Y:开启,该功能正在使用;N:关闭,该功能未使用。

(1)状态 1:ACC ON 通话。车辆点火状态下,终端正在进行通话,中断数据传输,允许短信接收,GPS 开启,CanBus 周期发送。

(2)状态 2:ACC ON 数据。车辆点火状态下,终端与后台定时传输数据,允许短信接收,GPS 开启,CanBus 周期发送(无主机不发送,接收遥控指令后会发送数据)。

(3)状态 3:ACC OFF 通话。车辆熄火状态下,终端延续通话(禁止拨打与接听),允许短信接收,GPS 关闭,CanBus 周期发送。

(4)状态 4:ACC OFF 数据。车辆熄火状态下,终端与后台定时传输数据,禁止电话拨打与接听,允许短信接收,GPS 关闭,CanBus 仅接收数据(接收遥控指令后会发送数据)。

(5)状态 5:ACC OFF 短信。车辆熄火状态下,终端关闭与后台传输数据,禁止电话拨打与接听,允许短信接收,GPS 关闭,CanBus 仅接收数据(接收遥控指令后会发送数据)。

(6)状态 6:ACC OFF 休眠。车辆熄火状态下,终端进入休眠,禁止电话、数据、短信、GPS、CanBus 功能。

(7)状态 7:ACC OFF 备电。除状态 6 外,其余各种状态在主电被破坏情况下启动,用于向后台上报主电被破坏警情(数据)。

T-BOX 对外发送 CanBus 数据有两种情况:接收到远程遥控指令(偶发);与主机交互(ACC ON 周期发送,ACC OFF 不发送,无主机不发送)。

T-BOX 与后台数据连接有两种情况:ACC ON 未通话状态;ACC OFF,终端与后台通信正常情况下,CanBus 无数据后 5min 内。

2. 数据采集和存储

T-BOX 通过接口接入 CAN 总线,通过 CAN 网络进行数据采集,主要对车辆信息、整车控制器信息、电机控制器信息、电池管理系统(BMS)、车载充电机等数据进行采集并解析。采集信息后,T-BOX 按照最大不超过 30s 时间间隔,将采集到的实时数据保存在内部存储介质中,若出现 3 级报警时,会按照最大不超过 1s 时间间隔保存。智能车载终端广泛应用后,某些采集的信息经过处理会集中显示在车载终端的显示屏上,用户有统一的操控界面,提升用户体验。

(1)车辆数据采集并打包上传:通过与车相连的 CAN 线可以读取车辆的总线数据,包括车辆的静态数据、动态数据。采集数据后,通过 GPRS(通用分组无线业务)模块使用 SIM 卡将采集到的信息按既定的传输协议打包发送给云端服务器。信息包含运行状态、行驶里程、SOC(荷电状态)、电机转速转矩、定位信息、报警信息等数据。

(2)车辆管理与控制:通过手机 App(应用程序)可以查询车辆信息、发动机数据、动力蓄电池数据、报警信息等;App 端控制开关车门、车窗和空调等;根据不同需求,云端服务器可以下发指令进行相应锁车,远程 OTA(空中下载技术)升级等操作,实现车辆的管理与控制。

3. 软件总体架构

设计一个完整的软件程序,采用模块化的形式设计要注意合理划分模块及模块的优先级等。设计合理不但可以优化工作量,避免同一功能的多次操作,提升运行速率,而且能够确保所有功能的正常运行,同时采用时间复用的方式,把系统的实时性能提高一大块。考虑到以上问题,通常采用模块化的实现形式来设计整个软件系统。

(1)通信系统结构。通信系统架构如图 1-5 所示。

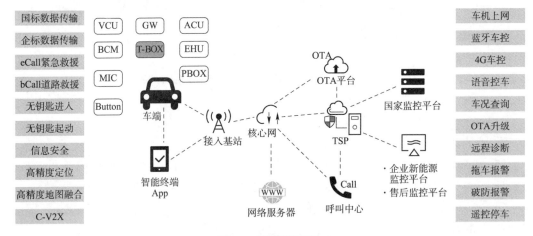

图 1-5 通信系统架构

VCU-整车控制单元;GW-网关;ACU-气囊控制单元;BCM-车身控制单元;EHU-电子车载娱乐单元;MIC-麦克风;PBOX-综合性测试仪器;Button-按键

整个智能网联通信系统架构是由车端、通道(管道)、云端、后端、智能终端组成的。对此进行细分,车端包括 T-BOX、网关、各种控制器;网络通道包括接入基站、运营商核心网;后端包括 OTA 平台、TSP、呼叫中心等在内的各种业务网络服务器,以及业务后端,如国家监控平台、新能源汽车监控平台、售后监控平台等数据运维平台;智能终端则是特指 App 的承载硬件。

以 T-BOX 为主的通信系统的通用功能,都需要依托这样的系统架构实现。T-BOX 在车端的电子电气架构中的位置,基本是独立一路 T-BOX 域,或者在信息娱乐域。通常与 EHU 通过 USB 或 ETH 连接,为 EHU 供网。

(2) T-BOX 车端接口。T-BOX 车端接口如图 1-6 所示。

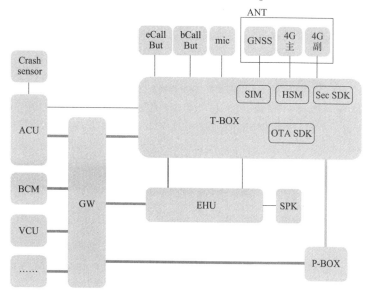

图 1-6　T-BOX 车端接口

Crash sensor-碰撞传感器;eCall But-紧急呼叫系统;bCall But-一键电话救援;ANT-天线接口;GNSS-全球导航卫星系统;SIM-物联网卡;HSM-硬件安全模块;Sec SDK-自检功能开发包;OTA SDK-远程下载技术开发包;SPK-外接喇叭的预留接口

车联网系统(T-BOX)自身接口包括 Call 按键信号输入、按键检测、音频输入输出、射频天线、无线通信天线、内置 Wi-Fi/BT 天线等。

功能接口包括 EHU、BCM、VCU、ACU 等,具备高精度定位功能的整车,如果不将高精度定位硬件集成在 T-BOX 中,则 T-BOX 会与专门负责高精度定位的 PBOX 有一路硬线连接,实现 RTK 云端差分感知数据传输,结合双频 GNSS 天线实现厘米级的高精度定位。

简化的 T-BOX 内部硬件系统架构,以 5G + V2X 为例,主要包括三大件:支持 5G + V2X 功能的通信模组、SOC、MCU。

① 通信模组主要完成无线数据、V2X 数据收发;

② SOC 为主要的 AP 单元,通常集成 V2X、以太网协议栈,做业务的逻辑运算;

③ MCU 则主要负责网络管理、电源管理等与车端强相关的业务。

(3) T-BOX 软件架构(基于高通硬件平台,支持 5G + C-V2X)。各大件的软件架构简化如图 1-7 所示,由下至上基本遵循 HW(Hardware 硬件层)、BSP(Board Support Package,板级支持包)、Kernel(内核)、SDK(Software Development Kit,软件开发包)、Midw(Middleware,中间件)、App(Application,应用程序)的层级关系。

传统的独立 T-BOX 平台,较多采用 AG35 模组,其中 T-BOX App 运行在 baseband 芯片实体,在高通基带被封装后的通信 SDK 上层。传统的独立 T-BOX 组件架构如图 1-8 所示。

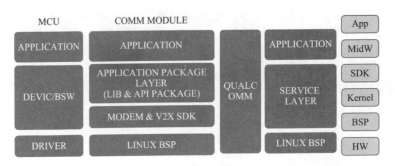

图1-7 软件架构简化

DRIVER-驱动；LINUX BSP-LINUX 板级支持包；DEVIC/BSW-基础软件；MODEM-调制解调器；QUALCOMM-高通骁龙处理器；SERVICE LAYER-服务层；APPLICATION-应用层；COMM MODULE-通信模块；MCU-微控制器

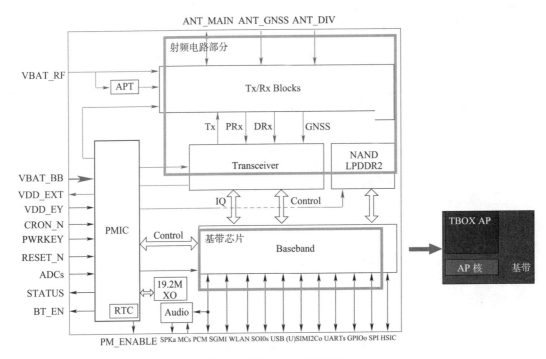

图1-8 独立T-BOX 组件架构

4. T-BOX 的主要业务流程

车联网架构是终端采集车辆信息、运行状态、部件信息等，通过网络传输至后台开放平台中，依托车联网服务系统，服务生产厂商、维修企业、保险公司、呼叫中心、物流公司等。其国家标准/企业数据业务、车机上网业务、整车网络链路、远控业务、Call 业务、OTA 业务的示意图如图1-9~图1-14 所示。

5. T-BOX 的功能

T-BOX 在整个车联网系统中，通过远程无线通信、GPS 卫星定位、加速度传感和 CAN 通信等功能，为整车提供远程通信接口，提供包括行车数据采集、行驶轨迹记录、车辆故障监控、车辆远程查询和控制、驾驶行为分析、无线热点分享等服务，主要具备如下功能。

模块一　智能网联汽车数据分析概述

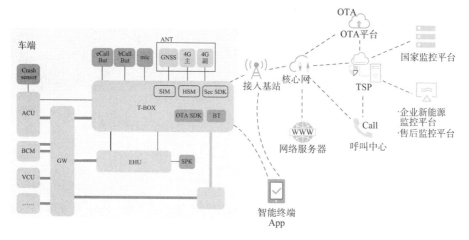

图 1-9　国家标准/企业数据业务

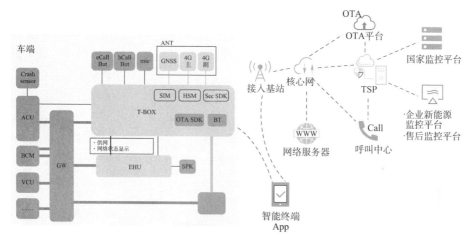

图 1-10　车机上网业务

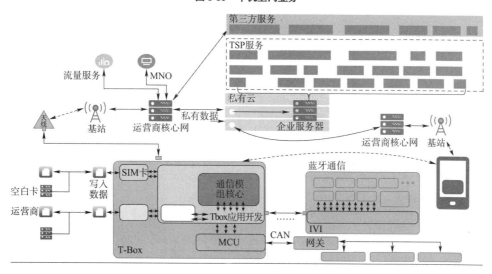

图 1-11　整车网络链路

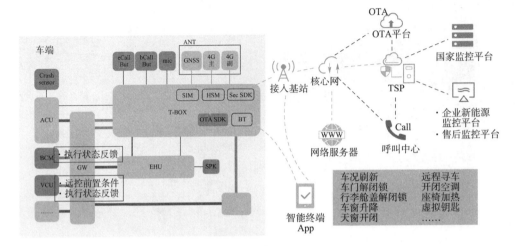

图 1-12 远控业务

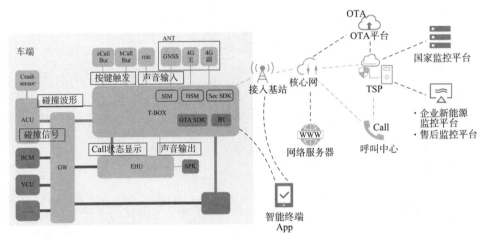

图 1-13 Call 业务

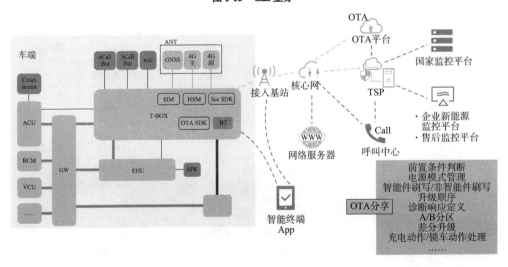

图 1-14 OTA 业务

(1)数据采集、存储及上报。

如图1-15所示,T-BOX通过接口接入CAN总线,通过CAN网络进行数据采集。主要对车辆信息、整车控制器信息、电机控制器信息、蓄电池管理系统(BMS)、车载充电机等数据进行采集并解析。采集信息后,T-BOX按照最大不超过30s时间间隔,将采集到的实时数据保存在内部存储介质中,若出现3级报警时,会按照最大不超过1s时间间隔保存。同时车端在满足特定事件上报条件后,向TSP平台上报消息;TSP平台在收到车端的上报消息后,便向车端发送相应的确认信息。根据事件的类型,可以将上报信息再拆分为如下功能:国标信息上传、非法入侵警情上报、非法移动警情上报、碰撞事件上传、上电/下电事件上报、车况改变事件上报和故障信息主动上报等。

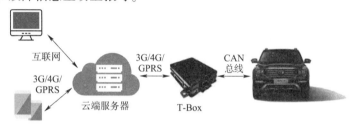

图1-15 车载T-BOX数据采集、存储及上报功能

(2)远程查询控制及软件升级。

用户可以通过手机App实现远程查询车辆状态,例如车辆油箱里还有没有油,车窗车门有没有关牢,蓄电池电量还够不够用,还可以行驶多久等;还可以控制门开关、鸣笛闪灯、开启空调、起动发动机、车辆定位等。如图1-16所示,其运行流程是:首先用户通过App发送命令,接下来TSP后台发出监控请求指令到车载T-BOX,车辆获取控制命令后,通过CAN总线发送控制报文并实现对车辆的控制,最后反馈操作结果到用户的手机App上。

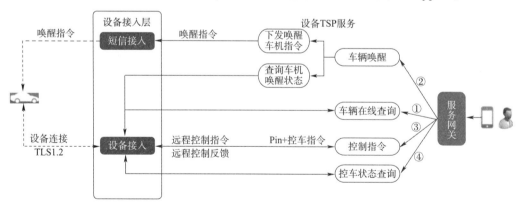

图1-16 远程查询控制功能

具体功能包括:远程车辆状态查询、远程寻车、远程车门开锁/闭锁、远程行李舱解锁、远程预约充电、一键舒适座舱、远程故障查询、远程车辆配置功能、远程里程备份和导航命令下发等。

软件远程在线升级主要保证车企的监控中心可以对在线的车辆设备进行远程升级。

(3)近程控制。

近程控制主要是服务于蓝牙钥匙的操作,具体的服务流程如图 1-17 所示。

图 1-17　近程控制功能

具体功能包括:蓝牙近程寻车、蓝牙近程车门开锁/闭锁、蓝牙行李舱解锁、蓝牙迎宾、蓝牙多账户登录、充电桩链接解锁和蓝牙无钥匙起动等。

(4)道路救援。

这一功能主要是针对行车安全而设计的,包含了路边救援协助、紧急救援求助、车辆异动自动报警、车辆异常信息远程自动上传等服务。这些功能可以保障车主的生命安全,如碰撞自动求救功能,车辆碰撞触发安全气囊后,T-BOX 会自动触发乘用车客户救援热线号码,自动上传车辆位置信息至后台,同时后台将发信息给所有紧急联系人,信息中包含事故位置信息及事件信息,让事故车辆和人员得到及时的救援。

总的来说,功能上,T-BOX 从最初的车辆监控数据传输、网络供给等基础功能,增加了如远程控制等舒适性功能,安防、CALL 等安全性功能,远程诊断、OTA 等便利性功能。随着无线通信网络的不断升级,智能驾驶时代的来临,T-BOX 也在朝着 5G、V2X、高精度定位的功能上演进。形态上,随着电子架构的升级,域控制器、SOA 的不断成熟,未来的 T-BOX 形态可能是归为信息娱乐域控,不再以独立的硬件形态存在。但从信息安全的角度考虑,部分车厂将 T-BOX 作为了 dirty 端,从硬件上将云端数据与车端数据隔离,再结合 5G + V2X、高精度定位等功能迭代对硬件有变更需求,因此,T-BOX 也可能继续作为独立硬件形态存在。

技能实训

实训项目　T-BOX 认知与功能操作

课程名称:	日期:	成绩:
学生姓名:	学号:	班级:

任务载体	配备 T-BOX 的车辆一辆
任务目标	1. 找出车辆上装备的 T-BOX。 2. 测试 T-BOX 的相关功能。 3. 读取 T-BOX 中的相关报文

续上表

项目	步骤	操作记录		
1.方案制作	1.查询并明确车辆装备T-BOX			
	2.找到与T-BOX账号绑定的手机(带相应App)			
	3.使用手机进行T-BOX部分功能验证			
2.试验内容选择	1.找出T-BOX并进行拍照,并标注相应的接口			
	2.登录TBox绑定的账号,在手机App端查看显示信息是否有误			
	3.TBox上电后,用CANoe监控网络管理报文和应用报文			
3.实际测试	1.蓝牙控制:在手机App端查看蓝牙能否成功连接,并完成相应的功能测试			
	2.远程控制:登录账号,使用CANoe发送远程控制打开车门的应用报文			
	3.本地诊断:使用CANoe诊断面板发送10/22/2E/14/19服务,查看反馈报文是否正确			
4.实训评价	1.根据试验内容选择评价指标			
	2.根据试验内容选择评价实施方法			
	3.对整个实训内容进行评价总结分析			
小组互评 第___组	组员学号			
	组员姓名			
	互评分			
教师考核				

思考与练习

一、填空题

1. 智能网联汽车的数据可以分为_____、_____、_____、_____、_____以及决策规划数据六类数据类型。

2. 智能网联通信系统架构是由_____、_____、_____、_____、_____组

成的。

3. 智能汽车智能网联开发平台数据采集监测系统的基本任务是_____和_____。

4. _____是智能网联汽车分析周围环境的重要技术基础。

5. T-BOX 分_____种工作状态。

二、选择题

1. 目前,智能网联汽车数据体系架构主要分为(　　)与实时信息两种。

　　A. 车辆信息　　　　B. 能量信息　　　　C. 静态信息　　　　D. 最高车速

2. LabVIEW 通过(　　)对数据采集板卡采集的传感器原始信号进行相应处理,去除不符合预期试验结果的频率成分,提高采集信号的准确性。

　　A. 采集器　　　　　B. 振荡器　　　　　C. 滤波器　　　　　D. 差分器

3. T-BOX 通过接口接入(　　),通过(　　)进行数据采集。

　　A. USB 数据线、串口　　　　　　　　B. CAN 总线、CAN 网络

　　C. Lin 总线、Lin 网络　　　　　　　　D. 网线、以太网网络

4. (　　)是智能网联汽车自动驾驶系统分析周围环境的重要技术基础。

　　A. 图像识别　　　　B. 数据储存　　　　C. 车联网　　　　　D. 车载网络

5. 动态数据采集数据后,通过(　　)模块使用 SIM 卡将采集到的信息按既定的传输协议打包发送给云端服务器。

　　A. 蓝牙　　　　　　B. GPS　　　　　　C. T-BOX　　　　　D. GPRS

三、简答题

1. 简述智能网联汽车的数据构架。

2. 简述自动驾驶汽车数据分析的目的和意义。

3. 简述 T-BOX 的功能。

模块二 智能网联汽车串口数据分析技术

学习目标

▶ **知识目标**

1. 熟悉串口通信基本原理；
2. 掌握 RS232 数据通信基本原理；
3. 掌握 RS485 数据通信基本原理；
4. 熟知 RS232/RS485 数据分析常用软件。

▶ **技能目标**

1. 能完成串口通信的硬件连接；
2. 能完成主从机之间的通信设置；
3. 能运用 CommMonitor、ModScan32 进行串口数据分析。

▶ **素养目标**

1. 通过课程教学活动，培养学生的规矩意识，严守串行通信协议规则，增强数据流的交互、分析和处理的能力；
2. 通过技能训练，培养学生团结协作、安全生产、规范操作的职业素养，弘扬劳动精神、奋斗精神、奉献精神；
3. 通过教学活动，培养学生爱党报国、敬业奉献、服务人民的思想意识。

一 串口通信及其在数据分析中的意义

串口是串行接口（Serial Port）的简称，也称为串行通信接口或 COM 接口。串口是一种接口标准，它仅规定了接口的电气标准，没有规定接口插件电缆以及使用的协议，典型的串行通信标准包括 RS232、RS422、RS485 等。

串口通信（Serial Communication）是指采用串行通信协议，通过数据信号线、地线、控制线等，按位进行传输数据的一种通信方式。在串行通信中，一个字节的数据要分为 8 次，由低位到高位按顺序一位一位地进行传送。

串行通信分为同步串行通信和异步串行通信，在实践中，串口通信多采用异步通信。

异步通信(Asynchronous Data Communication,ASYNC)是以字符为单位进行传输的,字符之间没有固定的时间间隔要求,而每个字符中的各位则以固定的时间间隔传送。异步通信中,收发双方取得同步是通过在字符格式中设置起始位和停止位的方法来实现的,在一个有效字符正式发送之前,发送方先发送一个起始位,然后发送有效字符位,在字符结束时再发送一个停止位,起始位至停止位构成一帧。停止位至下一个起始位之间是不定长的空闲位,并且规定起始位为低电平(逻辑值为0),停止位和空闲位都是高电平(逻辑值为1),这样就保证了起始位开始处一定会有一个下跳沿,由此就可以标志一个字符传输的开始。采用异步通信时,发送端和接收端可以由各自的时钟来控制数据的发送和接收,这两个时钟源彼此独立,可以互不同步。

在智能网联汽车系统中具有大量需要交互、分析和处理的数据流,这些数据来源广泛、类型复杂、数据量大。然而,数据在系统中传输、处理和分析时,需要在各系统中进行数据传输通信交互。数据传输就是按照一定的规程,通过一条或者多条数据链路,将数据从数据源传输到数据终端,它的主要作用就是实现点与点之间的信息传输与交换。一个好的数据传输方式可以提高数据传输的实时性和可靠性。串口通信是一种用于连接两个或多个控制器的通信方式,它可以是单向的,也可以是双向的,线缆数量少,具有高可靠性、稳定性和灵活性,能够满足车载各系统对数据传输的要求。

二 RS232 数据通信基本原理

RS232 是计算机与通信工业中应用最广泛的一种串行接口。它以全双工方式工作,需要地线、发送线和接收线三条线。RS232 只能实现点对点的通信方式。

1. RS232 串口接口定义

计算机 DB9 针接口是常见的 RS232 串口,其引脚定义如图 2-1 所示。

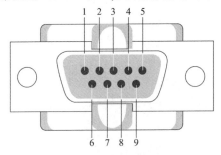

图 2-1　RS232 串口引脚图

1-Data Carrier Detect(DCD),数据载波检测;2-Received Data(RXD),接收数据;3-Transmitted Data(TXD),发送数据;4-Data Terminal Ready(DTR),数据终端就绪;5-Signal Ground(SD),信号地;6-Data Set Ready(DSR),数据装载就绪;7-Request to Send(RTS),请求发送;8-Clear to Send(CTS),清除发送;9-Ring Indicator(RI),铃声提示

RS232 标准电平采用负逻辑。在 TXD 和 RXD 上,逻辑"1"为 -15 ~ -3V,逻辑"0"为 +3 ~ +15V。在 RTS、CTS、DSR、DTR 和 DCD 等控制线上信号有效(接通,ON 状态,正电压,高电平)为 +3 ~ +15V,信号无效(断开,OFF 状态,负电压,低电平)为 -15 ~ -3V。

2. RS232 串口通信接线方法

串口传输数据只要有接收针脚和发送针脚就能实现。表 2-1 为同类型串口和不同串口间的引脚连接表。

针脚连接表　　　　　　　表 2-1

9 针—9 针		25 针—25 针		9 针—25 针	
2	3	3	2	2	2
3	2	2	3	3	3
5	5	7	7	5	7

表 2-1 是对标准串行口而言的,还有许多非标准设备,如接收 GPS 数据或电子罗盘数据,基本原则为接收数据针脚(或线)与发送数据针脚(或线)相连,彼此交叉,信号地对应相接。

3. RS232 串口缺点

RS232 串口缺点如下:
(1)接口信号电平值较高,接口电路芯片容易损坏;
(2)传输速率低;
(3)抗干扰能力较差;
(4)传输距离有限,一般在 15m 以内;
(5)只能实现点对点的通信方式。

三 RS485 数据通信基本原理

1. RS485 串口特点

RS485 有两线制和四线制两种接线方式。采用四线制时,只能实现点对多的通信(即只能有一个主设备,其余为从设备)。四线制现在很少采用,现在多采用两线制接线方式。两线制 RS485 只能以半双式方式工作,收发不能同时进行。

RS485 在同一总线上最多可以接 32 个节点,可实现真正的多点通信,但一般采用的是主从通信方式,即一个主机带多个从机。

RS485 采用平衡发送和差分接收,具有良好的抗干扰能力,信号能传输上千米。图 2-2 为 RS485 抑制共模干扰示意图,其中 A 为信号正,B 为信号负。因 RS485 接口具有良好的抗干扰能力、长的传输距离和多站能力等优点,使其成为首选的串行接口。

2. RS485 通信

(1)主机与从机:在通信系统中起主要作用、发布主要命令的称为主机,接受命令的称为从机。

(2)连续方式:指主机不需要发布命令,从机就能自动地向主机发送数据。

(3)指令方式:指主机向从机发布命令,从机

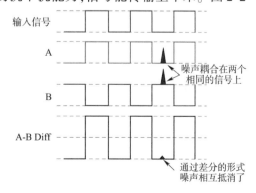

图 2-2　RS485 抑制共模干扰示意图
A-B Diff-A 与 B 的差分

根据指令执行动作,并将结果"应答"给主机的模式。

(4)输出数据类型:指在连续方式通信时,从机输出给主机的数据类型。

(5)通信协议:指主机与从机通信时,按特定编码规则来通信。

(6)波特率:主从机之间通信的速度。

(7)校验位:数据传输错误检测,可以是奇校验、偶校验或无校验。

(8)地址:每一台从机的编号。

3. RS485 串口的终端电阻

一般情况下不需要增加终端电阻,只有在 RS485 通信距离超过 100m 的情况下,要在 RS485 通信的开始端和结束端增加终端电阻,RS485 典型终端电阻是 120Ω。

终端电阻是为了消除在通信电缆中的信号反射。在通信过程中,有两种信号会导致信号反射:阻抗不连续和阻抗不匹配。

(1)阻抗不连续。信号在传输线末端突然遇到电缆阻抗很小甚至没有,信号在这个地方就会引起反射。为了消除这种反射,就必须在电缆的末端跨接一个与电缆的特性阻抗同样大小的终端电阻,使电缆的阻抗连续。由于信号在电缆上的传输是双向的,因此,在通信电缆的另一端可跨接一个同样大小的终端电阻。

(2)阻抗不匹配。引起信号反射的另一原因是数据收发器与传输电缆之间的阻抗不匹配。这种原因引起的反射,主要表现在通信线路处在空闲方式时,整个网络数据混乱。要减弱反射信号对通信线路的影响,通常采用噪声抑制和加偏置电阻的方法。在实际应用中,对于比较小的反射信号,为简单方便起见,经常采用加偏置电阻的方法。

4. 串口通信硬件常见的注意事项

(1)通信电缆端子一定要接牢,不可有任何松动,否则可能会烧坏仪表或上位机的通信板。

(2)不可带电拔插通信端子,否则可能会烧坏仪表或上位机的通信板,一定要关闭仪表电源后才能去拔插通信端子或接通信线。

(3)通信用的屏蔽电缆最好选用双层隔离型屏蔽电缆,次之选用单层屏蔽电缆,最好不要选用无屏蔽层的电缆,且电缆屏蔽层一定要能完全屏蔽,有些质量差的电缆,屏蔽层很松散,根本起不到屏蔽的作用。单层屏蔽的电缆屏蔽层应一端搭铁,双层屏蔽的电缆屏蔽层其外层(含铠装)应两端搭铁,内层屏蔽则应一端搭铁。

(4)仪表使用 RS232 通信时,通信电缆长度不得超过 15m。

(5)一般 RS485 协议的接头没有固定的标准,根据厂家的不同,引脚顺序和管脚功能可能不尽相同,可以查阅相关产品 RS485 的引脚图。

(6)RS485 通信电缆最好选用阻抗匹配、低衰减的 RS485 专用通信电缆(双绞线),不要使用普通的双绞电缆或质量较差的通信电缆。因为普通电缆或质量差的通信电缆,可能出现阻抗不匹配、衰减大、绞合度不够、屏蔽层太松散,这将会导致干扰非常大,造成通信不畅,甚至通信不上。

(7)仪表使用 RS485 通信时,每台仪表必须串联,不可以有星形连接或者分叉,如果有星形连接或者分叉连接,干扰将非常大,会造成通信不畅,甚至通信不上。RS485 通信连接形式如图 2-3 所示。

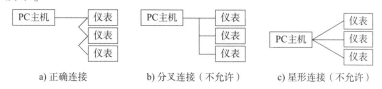

图 2-3　RS485 通信连接形式

（8）RS485 总线结构理论上传输距离能达到 1200m，一般是指通信线材优质达标，波特率 9600，只有一台设备时才能使得通信距离达到 1200m。

（9）仪表使用 RS485 通信时，需接入终端电阻，以增强系统的抗干扰性。典型的终端电阻阻值是 120Ω。

四　RS232/485 数据分析常用软件介绍

1. CommMonitor 串口监控

CommMonitor 串口监控是用于 RS232/RS422/RS485 端口监控的专业性强大的系统实用程序软件。CommMonitor 可以监控记录和分析系统中的所有串行端口活动，追踪应用程序或驱动程序开发，串行设备测试和优化等过程中可能出现的问题。它还能提供过滤、搜索、数据导出和强大的数据拦截功能，可以将指定端口的数据流、控制流信息拦截并保存下来，供分析之用，如查看端口状态的变化(波特率、数据位、校验位、停止位)，拦截上行、下行的数据，处理速度快，拦截效率高，并且可以十六进制、十进制、八进制、二进制显示输出数据，字符串则可以不同的编码显示输出，全面支持设备数据的 Unicode/UTF8/UTF7 编码解码，支持 Modbus 协议分析解析 。

（1）串行监控的主要特点有以下几点：

①支持监控 COM 端口类型，包括标准电脑端口、内核虚拟 COM 端口、蓝牙串行端口、USB 转串口等。

②可以实时监控并采集串口数据。

③可以同时监控多个串行端口。

④支持监控视图，包括列表视图、Line 视图、Dump 视图、终端视图、Modbus 视图。

⑤支持监控串口所有的 Write/Read 数据流。

⑥支持监控所有串口 IOCTL 控制代码，并跟踪完整请求信息和参数。

⑦支持自定义的监控视图数据记录的颜色、时间格式、字节换行长度、字节不同数制展示输出等。

⑧支持监控会话管理，即保存和加载所有监视数据，导出并重定向到文件功能。

⑨支持监控视图数据导出 ASCⅡ文本，并支持自动重定向到文件。

⑩支持列表视图、Line 视图、Dump 视图间数据联动显示。

⑪支持自定义 IRP/IOCTL 过滤工具。

⑫支持监控串口 Modbus 协议分析，支持 RTU、ASCⅡ模式。

(2)串行监控的应用场景如下:
①监控串口设备和任何 Windows App 通信之间的数据传输。
②监控串口调制解调器、串口扫描枪、串口打印机等所有与电脑的连接串口设备。
③可用于分析串口 RS232/422/485 通信控制过程的调试问题。
④可用于内核虚拟串口驱动程序开发调试。
⑤可用于串口程序与硬件开发调试。
(3)串行监控的使用方法如下:
①在进程 ID 处选择要监视软件的进程 ID,如图 2-4 所示。

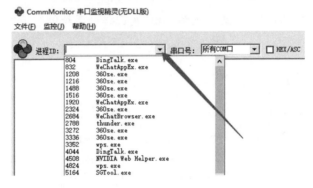

图 2-4　选择进程 ID

②串口号选择"所有 COM 口"即可,数据可以 HEX 显示,如图 2-5 所示。

图 2-5　数据显示方式选择

③点击"启动监视"按钮开始监视,如图 2-6 所示。

图 2-6　启动监视

④接下来打开所要监视的那款软件的串口,如果已打开请忽略此步,如图 2-7 所示。

图 2-7　打开串口

⑤被监视的软件发送串口数据,如图 2-8 所示。

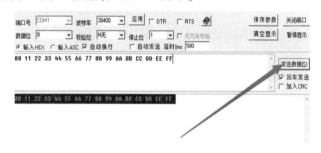

图 2-8　发送数据

⑥这时可以在 CommMonitor 界面看到被监视软件发出的数据,如果有收到响应也会显示响应数据出来。

2. ModScan32 通信调试工具

Modbus 采用主从式通信,日常使用较多的是 Modbus RTU 和 Modbus TCP/IP 两种协议。最常用的 Modbus 通信调试工具就是 ModScan32 和 ModSim32。ModScan32 用来模拟主设备,它可以发送指令到从机设备(使用 Modbus 协议的智能仪表终端设备)中,从机响应之后,就可以在界面上返回相应寄存器的数据。

(1)ModScan32 软件功能如下:

①可以自动显示接收到的数据。

②可以调试具有 Modbus 协议的所有设备。

③可以设置定时发送的数据以及时间间隔。

④可以模拟上位机进行 Modbus 协议主机的使用。

⑤采用 vc 编写,运行时不需要其他任何文件。

⑥支持 HEX 或 ASCⅡ码显示。

⑦可以在线设置各种通信速率、奇偶校验、通信口而无须重新启动程序。

(2)ModScan32 软件特点如下:

①Modbus 可以支持多种电气接口,如 RS232、RS485 等,还可以在各种介质上传送,如双绞线、光纤、无线等。

②Modbus 的帧格式简单、紧凑,通俗易懂,便于开发和使用。

(3)ModScan32 软件的使用方法如下:

①启动 ModScan32.exe 测试软件,Device Id(仪表地址 LocalAdress)设置为 1,MODBUS

Point Type(命令字)设置为 04,Address(数据地址)设置为 0001(本来应该是地址 0,但是这个软件会自动将地址减一,所以该为 1),Length(数据长度)设置为 8,如图 2-9 所示。

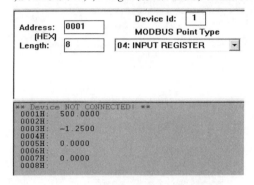

图 2-9　启动并设置 ModScan32

②使用菜单"Connection/Connect",选择 Connect 为 COM1,Baud 为 9600,Word(数据位)为 8,Parit 为 Even(偶校验),Stop(停止位)为 1,"Rotocal Selection\Transmission Mode"选择"STANDARD RTU",然后点击"OK"键确定,如图 2-10 所示。

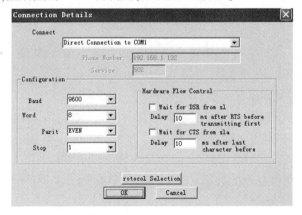

图 2-10　Connection Details 界面

③点击"rotocol Selection"按钮,出现如图 2-11 所示界面。

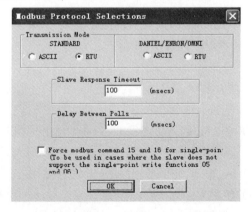

图 2-11　Modbus Protocol Selections 界面

注意选择为"STANDARD RTU",将 Modbus 模式选定。

④菜单"Setup/Display Option/Show traffic"。如图 2-12 所示,白色区域是电脑发送的命令,黑色部分是仪表返回的通信内容。

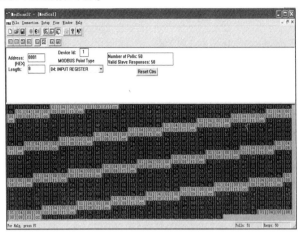

图 2-12　Show traffic 界面

⑤如图 2-13 所示,菜单"Setup/Display Option"下勾选"Show data"和"Swapped FP",选中后,此时显示当前测量值。

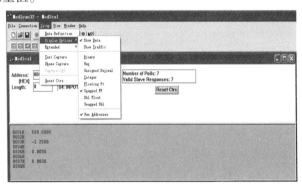

图 2-13　测量值显示

图 2-13 下方为显示测量值窗口,其中:①0001H 表示温度;②0003H 表示压力;③0005H 表示补偿前流量;④0007H 表示补偿后流量。

技能实训

实训项目　串口连接与数据分析

课程名称:_____　日期:_____　成绩:_____

学生姓名:_____　学号:_____　班级:_____

任务载体	配备智能网联数据采集设备的车辆
任务目标	1. 完成串口通信的硬件连接及主从机之间的通信设置。 2. 运用 CommMonitor、ModScan32 进行串口数据分析

续上表

项目	步骤	操作记录
1. 方案制作	1. 数据采集设备运行检查	
	2. 串口通信的硬件准备	
	3. CommMonitor、ModScan32 的安装	
	4. 串口及可分析数据的选择	
2. 试验内容选择	1. 串口通信的硬件连接	
	2. 主从机之间的通信设置	
	3. CommMonitor 监控记录和分析系统中的相应串行端口活动	
	4. 启动 ModScan32.exe 测试软件进行相应指令的发送与数据收集	
3. 实际测试	1. 启动数据采集设备进行基本运行验证	
	2. 连接串口通信的硬件	
	3. 进行主从机之间的通信设置	
	4. 使用 CommMonitor 和 ModScan32 分发与数据收集	
4. 实训评价	1. 根据试验内容选择评价指标	
	2. 根据试验内容选择评价实施方法	
	3. 对整个实训内容进行评价总结分析	
小组互评 第___组	组员学号				
	组员姓名				
	互评分				
教师考核		

思考与练习

一、填空题

1. 典型的串行通信标准包括_____、_____、_____等。
2. RS232 是计算机与通信工业中应用最广泛的一种_____接口。
3. 串口传输数据只要有_____针脚和_____针脚就能实现。
4. 如果待传输数据是 1011,那么对于偶校验,校验位为数字_____,保证逻辑的位数是偶数个。

5. 在 RS485 通信距离超过_____m 的情况下,要在 RS485 通信的开始端和结束端增加终端电阻,RS485 典型终端电阻是_____Ω。

二、选择题

1. 停止位至下一个起始位之间是不定长的空闲位,这样就保证了起始位开始处一定会有一个(　　),由此就可以标志一个字符传输的起始。

　　A. 上升沿　　　　B. 下跳沿　　　　C. 高电平　　　　D. 低电平

2. 在异步传送时,波特率因子 n 可以为 1 或 16 或 64;在同步通信时,波特率因子 n 必须等于(　　)。

　　A. 1　　　　　　B. 4　　　　　　　C. 16　　　　　　D. 64

3. RS232 标准电平采用(　　)逻辑。

　　A. 正　　　　　　B. 负　　　　　　C. 差分　　　　　D. 以上都可以

4. RS485 有两线制和四线制两种接线方式,四线制现在很少采用,现在多采用两线制接线方式,且两线制只能以(　　)双式方式工作,收发(　　)同时进行。

　　A. 全　可以　　　B. 全　不能　　　C. 半　可以　　　D. 半　不能

5. RS485 在同一总线上最多可以接(　　)个节点,可实现真正的多点通信。

　　A. 4　　　　　　B. 8　　　　　　　C. 16　　　　　　D. 32

三、简答题

1. 简述异步串行通信及其特点。
2. 简述 RS232 接口引脚定义。
3. 简述 RS232 串口缺点。
4. 分析导致信号反射的两种情况,并简述削弱方法。
5. 论述串口通信硬件常见的注意事项。

模块三　CAN总线数据分析技术

学习目标

▶ **知识目标**

1. 掌握 CAN 总线通信基本原理;
2. 熟知 CAN 总线数据分析常用软件;
3. 熟悉 CAN 总线数据故障分析技术;
4. 熟知 DBC 文件的原理和使用方法;
5. 熟悉 CAN 总线基础数据与智能网联汽车专用数据间的关系及分析方法。

▶ **技能目标**

1. 能完成 DBC 文件的制作;
2. 能完成 CAN 总线系统的检测;
3. 能运用 CANTest、CANoe 测试软件;
4. 能运用 CAN 数据分析方法,排查常见的智能网联汽车数据异常情况。

▶ **素养目标**

1. 通过教学活动,培养学生爱党报国、敬业奉献、服务人民的思想意识;
2. 通过教学活动,培养学生独立学习、分析和处理问题的能力,严谨地开展工作,形成精益求精的工匠精神;
3. 通过技能实训,培养学生团结协作、安全生产、规范操作的职业素养,弘扬劳动精神、奋斗精神、奉献精神。

一　CAN 总线通信基本原理

CAN(Controller Area Network)总线即控制器局域网总线,是一种串行通信协议,能有效支持具有很高安全等级的分布实时控制。使用 CAN 连接发动机、动力蓄电池、驱动电机等控制单元,具有可靠性高、实时性高、节点布置灵活等特性。

CAN 总线协议具有两个国际标准,分别是 ISO 11898 和 ISO 11519。其中,ISO 11898 是通信速率为 125kbit/s ~ 1 Mbit/s 的高速 CAN 通信标准,属于闭环总线,总线最大长度为 40m/(Mbit·s)。ISO 11519 定义了通信速率为 10 ~ 125kbit/s 的低速 CAN 通信标准,属于开环总线,最大长度为 1km/(40kbit·s)。由于电气特性限制,即总线分布电容和分布电阻对总线波形的影响,CAN 总线上最大节点数目为 110 个。

目前,智能网联汽车各种关键模块都是采用 CAN 总线进行数据通信交互,包括三电系统(蓄电池、电机、电控系统)、传感器系统(智能摄像头、毫米波雷达、高精度卫星定位设备)、监控系统(T-BOX、行驶记录仪、OBD 等),掌握 CAN 总线相关原理与技术是进行智能网联汽车系统搭建与故障诊断的必备技能。

1. CAN 工作原理

CAN 总线使用串行数据传输方式,且总线协议支持多主控制器。当 CAN 总线上的一个节点发送数据时,它以报文形式广播给网络中所有节点。每组报文开头的 11 位字符为标识符,定义了报文的优先级,这种报文格式称为面向内容的编址方案。各节点根据报文开头的 11 位标识符决定是否要接收其他节点发来的报文。在同一系统中标识符是唯一的,不可能有两个站发送具有相同标识符的报文,当几个站同时竞争总线读取时,这种配置十分重要。

每个节点都有自己的处理器和 CAN 总线接口控制器。当一个节点需要发送数据到另一个节点时,自身节点的处理器需要将发送的数据和自己的标识符传给自身的总线控制接口,处于准备状态;当获取到总线的使用权后,转为发送报文状态,将数据和标识符组装成报文,并将报文以一定格式发出,此时,其他的节点处于接收状态。每个处于接收状态的站对接收到的报文进行检测,判断这些报文是否是发给自己的,以确定是否接收它。

2. 总线工作的特点

(1)当总线空闲时,任何节点都可以向总线发送报文。如果有两个或两个以上的节点同时发送报文,就会引起总线访问碰撞,由发送数据的报文中的标识符决定报文占用总线的优先权。标识符越小,优先权越高。仲裁(Arbitration)的机制确保了报文和时间均不损失。当具有相同标识符的数据帧和远程帧同时发送时,数据帧优先于远程帧。在仲裁期间,每一个发送器都对发送位的电平与被监控的总线电平进行比较。如果电平相同,则这个单元可以继续发送,如果发送的是"隐性"电平而监视到的是"显性"电平,那么这个单元就失去了仲裁,必须退出发送状态。

(2)总线上的数据以不同报文(Message)格式发送,但长度受到限制。

(3)在 CAN 中,节点不使用任何关于系统配置的报文,例如站地址,由接收节点根据报文本身特征判断是否接收这帧信息。因此,系统扩展时不用对应用层以及任何节点的软件和硬件做出改变,可以直接在 CAN 中增加节点。

(4)要传送的报文有特征标识符(Identifier),它给出的不是目标节点地址,而是这个报文本身的特征。信息以广播方式在网络上发送,所有节点都可以接收到,节点通过 CAN 控制器硬件对报文的标示符滤波即可实现点对点、一点对多点及全局广播等多种方式传送接收数据。

(5)数据一致性应确保报文在 CAN 中同时被所有节点接收或同时不接收,这是配合错误处理和再同步功能实现的。

(6)位传输速率不同的 CAN 系统速度不同,但在一个给定的系统里,位传输速率是唯一的,并且是固定的。

(7)通过发送远程帧,需要数据的节点请求另一节点发送相应的数据。回应节点传送的数据帧与请求数据的远程帧,由相同的标识符命名。

(8)总线有"显性"和"隐性"两个状态,"显性"对应逻辑"0","隐性"对应逻辑"1"。两个节点同时分别发送"0"和"1"时,总线上呈现"0"。CAN 总线采用二进制不归零(NRZ)编码方式,所以,总线上不是"0"就是"1",但是,CAN 协议并没有具体定义这两种状态的具体实现方式。

(9)CAN 节点能区分瞬时扰动引起的故障和永久性故障。

(10)应答接收节点对正确接收的报文给出应答,对不一致报文进行标记。

(11)CAN 通信距离最大是 10km(设速率为 5kbit/s),或最大通信速率为 1Mbit/s(设通信距离为 40m)。

(12)CAN 总线通信介质可在双绞线、同轴电缆、光纤中选择。

(13)CAN 报文采用短帧结构,短的传送时间使其受干扰概率低,并且每帧均包含 CRC 校验部分,保证了极低的数据出错率。

3. CAN 总线报文结构

CAN 通信帧共分为数据帧、远程帧、错误帧、过载帧和帧间隔五种类型。

1)数据帧

数据帧结构上由 7 个段组成:帧起始、仲裁段、控制段、数据段、CRC 段、ACK 段、帧结束。根据标识符长度的不同,又可以把数据帧分为标准帧(11 位标识符,CAN2.0A)和扩展帧(29 位标识符,CAN2.0B)。数据帧结构如图 3-1 所示。

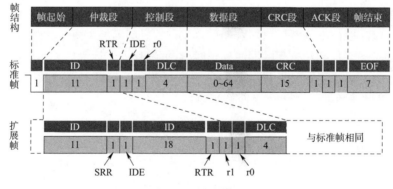

图 3-1 数据帧结构

(1)帧起始、帧结束。

帧起始和帧结束用于界定一个数据帧,无论是标准数据帧还是扩展数据帧都包含这两个段。

帧起始由单个显性位组成。总线空闲时,发送节点发送帧起始,其他接收节点同步于该帧起始位。

帧结束由 7 个连续的隐形位组成。

(2)仲裁段。

CAN 总线并没有规定节点的优先级,但通过仲裁段帧 ID 规定了数据帧的优先级。根据

CAN2.0 标准版本的不同,帧 ID 分为 11 位和 29 位两种。其结构如图 3-2 所示。

图 3-2 仲裁段结构

①ID:标识符。标准格式为 11 位,即 ID[0:10];扩展格式为 29 位,即 ID[0:10]和 ID[11:28],前 11 位与标准帧的位置相同。帧 ID 值越小,优先级越高。报文接收节点通过标识符进行报文滤波。

②RTR:远程发送请求位,占 1bit,为显性。由于数据帧的 RTR 位为显性电平,远程帧的 RTR 位为隐性电平,所以帧格式和帧 ID 都相同的情况下,数据帧的优先级比远程帧的优先级高。

③SRR:替代远程请求位,占 1bit,为显性。

④IDE:标志位,也称标识符扩展位,占 1bit。标准帧中该位位于控制段,为显性;扩展帧中该位位于仲裁段,为隐性。由于标准帧的 IDE 位为显性电平,扩展帧的 IDE 位为隐性电平,对于前 11 位 ID 相同的标准帧和扩展帧,标准帧优先级比扩展帧高。

CAN 控制器在发送数据的同时监测数据线的电平是否与发送数据对应电平相同,如果不同,则停止发送并做其他处理。如果该位属于仲裁段,则退出总线竞争;如果该位处于其他段,则产生错误事件(帧 ACK 时间段或被动错误标志传输期间除外)。

假设节点 A、B 和 C 都发送相同格式相同类型的帧,如标准格式数据帧,它们竞争总线的过程如图 3-3 所示。

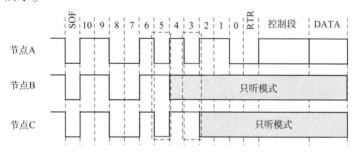

图 3-3 节点 A、B 和 C 竞争总线

节点 B 的 ID 第 5 位为隐性,节点 A、C 的 ID 第 5 位为显性,总线电平为显性,则节点 B 退出总线竞争。

节点 C 的 ID 第 3 位为隐性,节点 A 的 ID 第 3 位为显性,总线电平为显性,则节点 C 退出总线竞争。

(3)控制段。

控制段共 6 位,标准帧的控制段由扩展帧标志位 IDE、保留位 r0 和数据长度代码 DLC 组成,扩展帧控制段则由 IDE、r1、r0 和 DLC 组成。其结构如图 3-4 所示。

图 3-4 控制段结构

①IDE:同仲裁段。

②r0、r1:保留位 0 和 1,各占 1bit,用隐性电平填充。

③DLC:数据长度代码,占 4bit,采用 BCD 编码,范围 0~8。

(4)数据段。

一个数据帧传输的数据量为 0~8 个字节,这种短帧结构使得 CAN 总线实时性很高,非常适合汽车和工业控制场合应用,同时其数据量小,被干扰的概率小,抗干扰能力强。

(5) CRC 段。

CAN 总线采用 CRC 校验进行数据检错,CRC 校验值存放于 CRC 段。CRC 校验段由 15 位 CRC 值和 1 位 CRC 界定符构成。

(6) ACK 段。

当一个接收节点接收的帧起始到 CRC 段之间的内容没有发生错误时,它将在 ACK 段发送一个显性电平。

2)远程帧

远程帧是指由总线上的节点发出,用于请求其他节点发送具有同一标识符的数据帧。当某个节点需要数据时,可以发送远程帧请求另一节点发送相应数据帧。与数据帧相比,远程帧结构上无数据段,由 6 个段组成,也分为标准格式和扩展格式。其结构如图 3-5 所示。

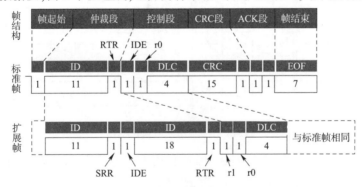

图 3-5 远程帧结构

数据帧和远程帧的区别见表 3-1。

3)错误帧

任何单元,一旦检测到总线错误就发出错误帧。尽管 CAN 总线可靠性很高,但依然可能出现错误,CAN 总线的错误类型总共有 5 种。

数据帧和远程帧的区别　　　　　　　　　　　　　　表 3-1

比较内容	数据帧	远程帧
ID	发送节点的 ID	被请求发送节点的 ID
SRR	0（显性电平）	1（隐性电平）
RTR	0（显性电平）	1（隐性电平）
DLC	发送数据长度	请求的数据长度
是否有数据段	是	否
CRC 校验范围	帧起始 + 仲裁段 + 控制段 + 数据段	帧起始 + 仲裁段 + 控制段

（1）CRC 错误：发送节点计算得到的 CRC 值与接收节点收到的 CRC 值不一致时发生该错误。

（2）格式错误：传输的数据帧格式与任何一种合法的帧格式不符时发生该错误。

（3）应答错误：发送节点在 ACK 阶段没有接收到应答信号时发生该错误。

（4）位发送错误：发送节点在发送时发现总线电平与发送电平不一致时发生该错误。

（5）位填充错误：通信线缆上传输信号违反"位填充"规则时发生该错误。

当出现以上错误类型之一时，发送或接收节点将发送错误帧。错误帧的结构如图 3-6 所示。其中错误标识分为主动错误标识和被动错误标识。

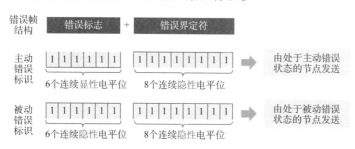

图 3-6　错误帧结构

为防止自身由于某些原因导致无法正常接收的节点一直发送错误帧，干扰其他节点通信，CAN 总线规定了节点的 3 种状态及其行为，如图 3-7 所示。

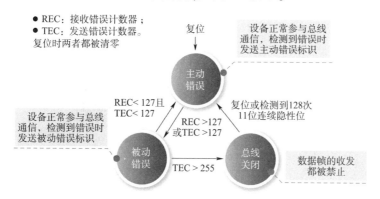

图 3-7　节点的 3 种状态及其行为

图 3-8 过载帧结构

4）过载帧

过载帧用于为先行和后续的数据帧或者远程帧之间提供附加延时,保证接收端能够来得及处理前面收到的数据。过载帧包括过载标志和过载界定符。其结构如图 3-8 所示。

由于存在多个节点同时过载且过载帧发送有时间差问题,可能出现过载标志叠加后超过 6 个位的现象。

5）帧间隔

帧间隔用于将数据帧或远程帧和它们之前的帧分隔开来,但过载帧和错误帧前面不会插入帧间隔。

（1）帧间隔过后,如果无节点发送帧,则总线进入空闲。

（2）帧间隔过后,如果被动错误节点要发送帧,则先发送 8 个隐性电平的传输延迟,再发送帧。

4. CAN 报文解析案例

（1）某汽车的部分协议。

通信协议规定的在蓄电池管理系统（BMS）与整车控制系统（VCU）之间传输的报文,格式见表 3-2。

表 3-2 BMS 与 VCU 之间传输的报文

输出	输入	ID						通信周期	位置	数据名	SPN
蓄电池管理系统	整车控制系统	PGN = 6352						100ms	1Byte	Ubus（蓄电池系统测量总线电压值）低字节（注：两字节数据低字节在前,高字节在后;同一字节中高位在前,低位在后）;	
		P	R	DP	PF	PS	SA		2Byte	Ubus（蓄电池系统测量总线电压值）高字节;	
									3Byte	Ibattery（-/+）（蓄电池充/放电电流）低字节	
									4Byte	Ibattery（-/+）（蓄电池充/放电电流）高字节;	
									5Byte	SOC（电池模块 SOC）;	
		6	0	0	24	208	243		6Byte	最高电池模块电压低字节;	
									7Byte	最高电池模块电压高字节;	
									8Byte	保留	

十六进制的帧 ID 实际上是由 29 位标识符转换而来,帧 ID 格式见表 3-3。

表 3-3 帧 ID 格式

P	R	DP	PF	PS	SA
3	1	1	8	8	8

P 为优先级,有 3 位,可以有 8 个优先级（0~7）;R 为保留位,有 1 位,固定为 0;DP 为数据页,有 1 位,固定为 0;PF 为报文的代码,有 8 位;PS 为报文的目标地址（也就是报文的接收方）,有 8 位;SA 为报文的源地址（也就是报文的接收方）,有 8 位。

通信协议规定的在蓄电池管理系统(BMS)与整车控制系统(VCU)之间传输的数据类型定义见表3-4。

数据类型定义 表3-4

数据类型	比例因子	范围(实际量程)	偏移量	字节数
总电压	0.1V/bit	0~10000(0~1000)	0	2B
总电流	0.1A/bit	0~65535(-3200~3353.5)	-3200	2B
温度	1℃/bit	0~250(-40~210)	-40	1B
蓄电池(SOC)	0.4%/bit	0~250(0~100%)	0	1B
单体最高蓄电池电压	0.01V/bit	0~1500(0~15)高4位为箱号(1~15,0无效);低12位电压:0~4095V	0	2B

(2)查找BMS与VCU之间的报文内容。

根据通信协议换算一个帧ID。在表3-3 ID对应的列中:P为优先级,6转化为二进制110;R、DP固定为0;PF为8位的报文代码,24转化为二进制00011000;PS为8位的目标地址,即整车控制系统的地址,在协议中它的地址定义为208,转化为二进制11010000;SA为8位的源地址,即BMS的地址,在协议中它的地址为243,转化为二进制11110011。

根据表3-3,这些代码合起来为11000000110001101000011110011,转化为十六进制帧ID为1818D0F3。

根据帧ID查找相应的报文。通常接收到的CAN报文由很多部分组成,见表3-5。

CAN报文组成 表3-5

序号	传输方向	第几路CAN	时间标识	帧ID	帧格式	帧类型	数据长度	数据
0x00000000	接收	0	0x000380ce	181056F4	数据帧	扩展帧	0x05	Ce181a0e01
0x00000001	接收	0	0x000381d7	1812F456	数据帧	扩展帧	0x06	2a18a00f0600
0x00000002	接收	0	0x00038300	181056F4	数据帧	扩展帧	0x05	Ce181a0e01
0x00000003	接收	0	0x000383da	1812F456	数据帧	扩展帧	0x06	2a18a00f0600
0x00000004	接收	0	0x00038532	181056F4	数据帧	扩展帧	0x05	Ce181a0e01

根据需要的帧ID,即可在数据列查找到相应的数据帧。以表3-3中报文的帧ID:1818D0F3为例,假设其对应的数据帧为:ce 0d 00 7d 00 6d 11 00。

(3)报文解析。

上文提及收到的报文中数据帧为:ce 0d 00 7d 00 6d 11 00。根据表3-2报文格式和表3-4数据类型定义,得出:

①表3-2中规定报文的第一、二字节表示总线电压,且两字节数据中,低字节在前,高字节在后。由表3-4知,总电压的比例因子为0.1 V/bit。所以,在上面的数据中,"0d ce"代表总电压,转化为十进制3534,乘以0.1V的单位,则得到总电压值为353.4 V。

②表3-2中规定报文的第三、四字节表示总电流。由表3-4知,总电流的比例因子为0.1A/bit,偏移量为-32000。所以,在上面的数据中"7d 00"代表总电流,转化为十进制

32000，乘以 0.1 再加上 -3200 的偏移量等于 0，则说明此时电池组没有被充电或放电，电流为 0A。

③表 3-2 中规定报文的第六、七字节表示最高电池模块电压。由表 3-4 知，单体最高电池电压的比例因子为 0.01V/bit；最高 4 位代表箱号，低 12 位代表电压。所以，在上面的数据中"11 6d"代表最高电池电压及位置，其中"1"代表箱号，即最高蓄电池电压在第 1 箱，"1 6d"代表最高蓄电池电压，转化为十进制 365，乘以 0.01 V 的单位，则得到最高蓄电池电压为 3.65 V。

二 CAN 总线数据分析常用软件介绍

CANTest 通用测试软件是一个专门用来对所有的 ZLGCAN 系列板卡进行测试的软件工具，此软件操作简单，容易上手，通过运用此软件可以非常方便地对板卡进行测试。CANTest 测试软件可进行数据收发、查询等基本传输功能，是 CAN 总线测试的必备软件。CAN 接口函数库提供给用户进行上位机二次开发，可以自行编程进行数据收发、处理等。其主界面如图 3-9 所示。

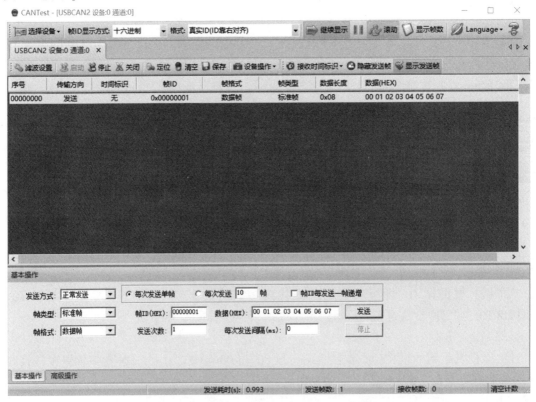

图 3-9 CANTest 软件主界面

1. 设备类型选择

在进行操作之前，首先需从"类型"菜单中选择想要操作的设备类型，如图 3-10 所示。此时会弹出"选择设备"对话框，在这个对话框中可以选择想要打开的设备索引号和

CAN 通道，以及设置 CAN 的初始化参数，然后点"确定"按钮来打开设备操作窗口，如图 3-11 所示。或者也可以点击"确定并启动 CAN"按钮打开设备操作窗口并自动打开设备和启动 CAN 通道。

图 3-10　设备类型选择按钮

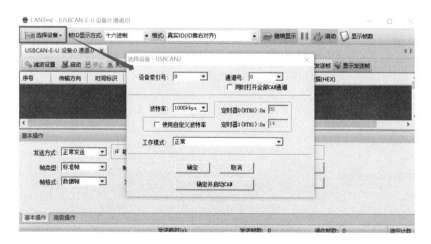

图 3-11　选择设备界面

2. 滤波设置

在设备操作窗口中可以点击"滤波设置"按钮进行滤波设置,如果不需要设置滤波,可以略过此步骤,如图 3-12 所示。

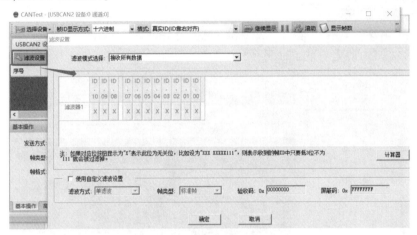

图 3-12　滤波设置按钮

此时会弹出"滤波设置"对话框,在其中先选择滤波模式,然后通过设定滤波器来设置需要过滤的 CAN 帧,如图 3-13 所示。

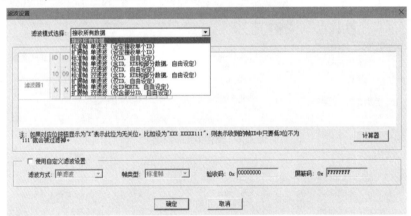

图 3-13　滤波模式选择界面

3. 启动 CAN

点击"启动"按钮启动 CAN 通道,此时接收到的 CAN 数据将会自动在数据列表中显示,如图 3-14 所示。

图 3-14　启动按钮

4. 获取设备信息

在启动 CAN 通道后,选择"设备操作"菜单中的"设备信息"选项来获得当前设备的详细信息,如图 3-15 所示。

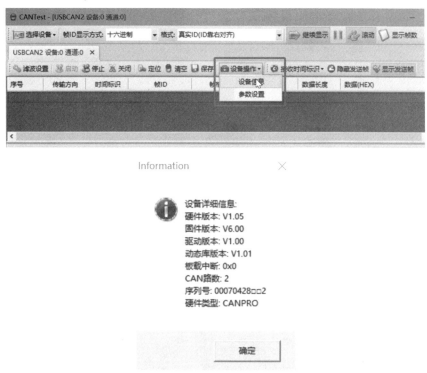

图 3-15　设备信息按钮

5. 发送数据

当启动 CAN 成功后,在图 3-16 所示界面中设置好要发送的 CAN 帧各项参数,然后点击"发送"按钮就可以发送数据了。其中,发送格式下拉框中的"自发自收"选项表示发送出去的 CAN 帧自己也能收到,这个选项在测试的时候才需用到;在实际的应用中选用"正常发送"选项。

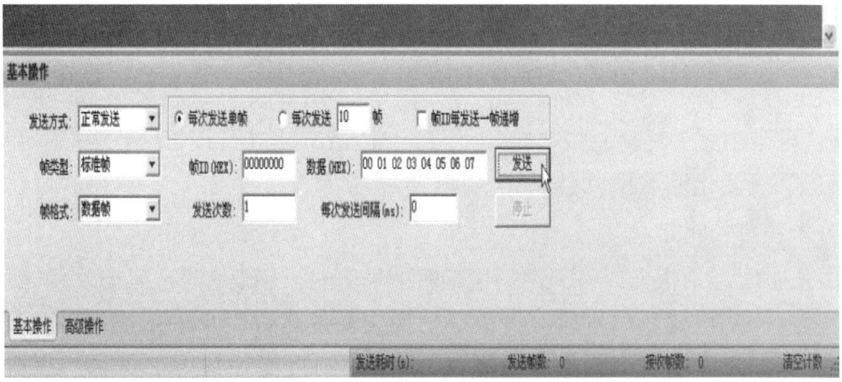

图 3-16　基本操作界面

还可以点击"高级操作"标签进入高级操作页面，在此页面可以设置每次发送多个不同的 CAN 帧(最多可设置 100 帧)和每帧之间间隔、每批之间间隔，如图 3-17 所示。

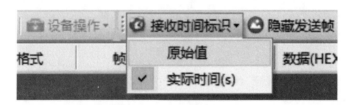

图 3-17　高级操作界面

6. 接收时间标识

"接收时间标识"按钮下可以选择原始值和实际时间，如图 3-18 所示。

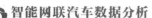

图 3-18　接收时间标识按钮

(1)原始值:CAN 卡接收到帧时的板卡时间,单位为 0.1ms,板卡上电后开始计时,仅有智能 CAN 卡才有时间标识。

(2)实际时间(s):以电脑的时间为准进行记录,单位为 s。

7. DBC 解码与按 ID 分类显示

点击"DBC"后，打开 DBC 界面，可以导入需要的 DBC 文件进行帧解码(解码显示在界面下方，默认自带 J1939 解码)，或者使用此界面对 CAN 帧进行按 ID 分类的显示，即"ID 固定，数据变化"，有变化的数据段会标红，如图 3-19 所示。

8. 实时保存与停止保存

当需要长时间记录报文时，需要使用实时保存功能，当软件缓冲区记录满之后，转存到硬盘中的文件(CSV 格式)，软件缓冲区清空。报文文件名可以自动依次编号。需要在启动之前使用此功能，注意保存位置不能指定在 C 盘，否则可能导致无法保存。点击停止保存时，则不进行转存。

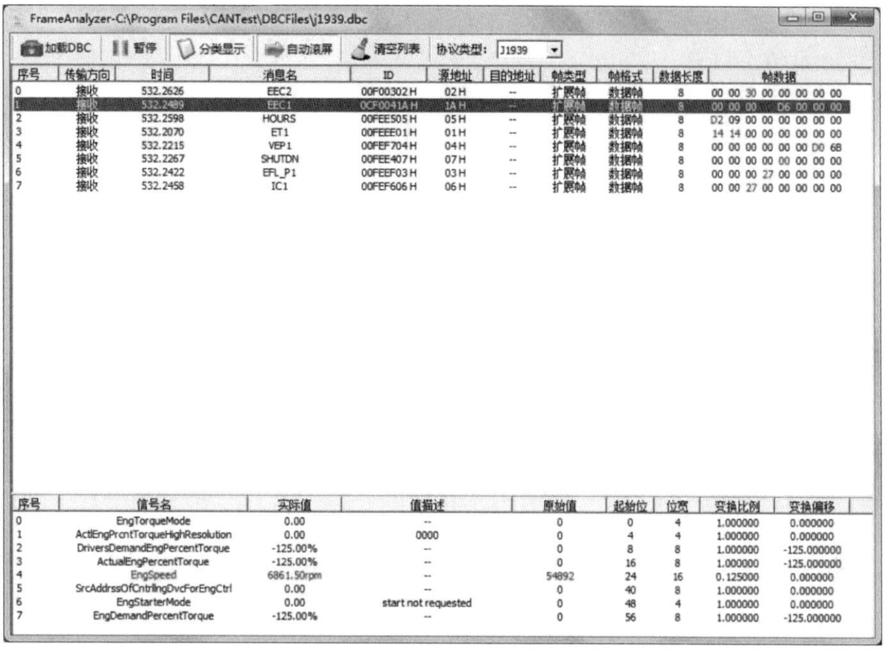

模块三　CAN总线数据分析技术

图3-19　DBC解码及按ID分类显示界面

三 CAN总线数据故障分析技术

CAN总线是当前应用最广泛的现场总线之一,但其复杂的故障排查经常困扰到应用工程师。CAN总线故障的原因多种多样,如节点发送周期异常、节点掉线甚至整条总线被拖垮。一个故障节点或者隐患节点往往会危害到整个产品的安全,新能源车的控制总线中,故障节点导致仪表盘数据更新滞后、显示错误,会导致驾驶员判断错误引发道路安全事故。总线故障案例如图3-20所示。

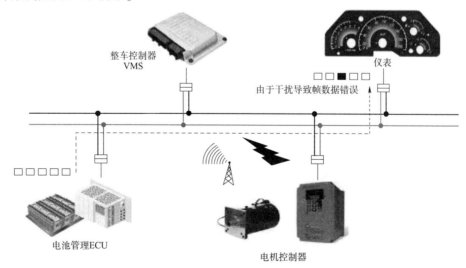

图3-20　总线故障案例

1. 线路和模块的基本检查

(1) 线路的基本检查。

线路的基本检查分为对输入线路的检查和对输出线路的检查。

① 对输入线路的检查：首先，要找到输入的管脚（各种车型的管脚定义不同）；然后将输入的管脚与模块断开；最后对线路是否有信号输入进行检查。

② 对输出线路的检查：首先，确定输出的线路是否断线或搭铁，将管脚与模块断开后测量；然后是测量线路是否有输出；最后将模块和管脚连接后检查。

(2) 模块的基本检查。

模块的基本检查包括对电源线、地线、唤醒线、CAN 总线的检查。

① 电源线的检查：模块上一般有 4 根左右的电源线，在模块正常工作时，每个电源都应该有 24V 的电压。

② 地线的检查：模块上一般都有 2~3 根地线，在模块工作时，这些地线都要和全车的地线接触良好。

③ 唤醒线的检查：每个模块都要有 1 根唤醒线，在模块工作时有 24V 的电压。

④ CAN 总线的检查：CAN 传输有两根信号线，在工作时都是 2.4V 左右的电压。

2. CAN 总线故障原因

CAN 总线系统中拥有 1 个 CAN 控制器、1 个信息收发器、2 个数据传输终端及 2 条数据传输总线，除了数据总线外，其他元件都置于各控制单元的内部。分析 CAN 总线系统产生故障的原因一般有以下三种。

(1) 电源系统引起的故障：汽车电控模块的工作电压一般在 10.5~15.0V，如果汽车电源系统提供的工作电压不正常，就会使得某些电控模块出现短暂的不正常工作，这会引起整个汽车 CAN 总线系统出现通信不畅。

(2) CAN 总线系统的链路故障：当出现通信线路的短路、断路或线路物理性质变化引起通信信号衰减或失真时，都会导致多个电控单元工作不正常，使 CAN 总线系统无法工作。

(3) CAN 总线系统的节点故障：节点是汽车 CAN 总线系统中的电控模块，因此节点故障就是电控模块的故障。它包括：软件故障，即传输协议或软件程序有缺陷或冲突，从而使汽车 CAN 总线系统通信出现混乱或无法工作，这种故障一般会成批出现；硬件故障，一般是电控模块芯片或集成电路故障，造成汽车 CAN 总线系统无法正常工作。

3. CAN 总线系统的检测

1) 终端电阻值测量

终端电阻测量步骤如下：

(1) 将蓄电池正、负极接线柱上的导线（电缆）拆下。

(2) 等待大约 5min，直到所有的电容器都充分放电。

(3) 使用万用表，连接测量导线，测量终端电阻的总阻值并做好记录。

(4) 将一个带有终端电阻电控单元（如发动机电控单元）的线束插头拔下来，观察终端电阻的总阻值是否发生变化。

(5) 将第一个电控单元（带有终端电阻，如发动机电控单元）的线束插头连接好，再将第二个电控单元(带有终端电阻,如 ABS 电控单元)的线束插头拔下来,观察终端电阻的总阻值是否发生变化。

(6)分析测量结果。

终端电阻测量结果分析:当带有终端电阻的两个控制单元并联时,单独测量一个终端电阻大约为120Ω,总阻值约为60Ω时,据此可以判断终端电阻正常,但是总的电阻不一定就是60Ω,其相应阻值依赖于总线的结构。因此,我们可以在测量总阻值时,通过将一个带有终端电阻的控制单元插头拔下,观察总阻值是否发生变化来判断故障。当拔下一个带有终端电阻的控制单元插头后测量的阻值没有发生变化,则说明系统中存在问题,可能是被拔下的控制单元电阻损坏或是 CAN 总线出现断路。如果在拔除电控单元后显示阻值变为无穷大,那么,或者是未被拔除的电控电源电阻损坏,或者是到该电控单元的 CAN 总线导线出现断路故障。

2) 电压的测量

测量 CAN-Low 或 CAN-High 的对地电压。以宝马 5 系轿车 CAN 总线系统为例:

(1) PT-CAN 的 CAN-Low 对地电压约为 2.4V,CAN-High 对地电压约为 2.6V;

(2) K-CAN 的 CAN-Low 对地电压约为 4.8V,CAN-High 对地电压约为 0.2V。

注意:上述电压数值根据总线负载变化可有 ±100mV 的偏差。

3) CAN 总线系统的波形测量

CAN 总线系统正常波形是 CAN-High 和 CAN-Low 电压相等、波形相同、极性相反,通过使用博世 FSA740 综合检测仪测量波形可以轻松判断故障。

测量方法:将仪器第一通道的红色测量端子接 CAN-High 线,第二通道的红色测量端子接 CAN-Low 线,二者的黑色测量端子同时搭铁。此时,可以在同一界面下同时显示 CAN-High 和 CAN-Low 的同步波形。

4) 波形分析

(1) CAN-High 对地短路:CAN-High 的电压置于 0V、CAN-Low 的电压电位正常,在此故障下,变为单线工作状态。

(2) CAN-High 对正极短路:CAN-High 的电压大约为 12V、CAN-Low 的电压电位正常,在此故障下,变为单线工作状态。

(3) CAN-Low 对地短路:CAN-Low 的电压置于 0V、CAN-High 的电压电位正常,在此故障下,变为单线工作状态。

(4) CAN-Low 对正极短路:CAN-Low 的电压大约为 12V、CAN--High 的电压电位正常,在此故障下,变为单线工作状态。

(5) CAN-High 对正极通过连接电阻短路:CAN-High 线的隐性电压电位拉向正极方向,正常值应大约为 0V,受连接电阻所影响,电阻越小隐性电压电位越大,在没有连接电阻的情况下,该电阻值位于蓄电池电压。

(6) CAN-High 通过连接电阻对地短路:CAN-High 的显性电位移向搭铁方向,正常值应为大约 4V,受连接电阻所影响,电阻越小,则显性电压越小,在没有连接电阻的情况下短路,则该电压为 0V。

(7) CAN-Low 对正极通过连接电阻短路:CAN-Low 线的隐性电压电位拉向正极方向,正常值应大约为 5V,受连接电阻所影响,电阻越小则隐性电压电位越大,在没有连接电阻的情况下,该电阻值位于蓄电池电压。

(8) CAN-Low 通过连接电阻对地短路:CAN-Low 的隐性电压电位拉向 0V 方向,正常值应大约为 5V,受连接电阻所影响,电阻越小则隐性电压越小,在没有连接电阻的情况下,该电压值为 0V。

(9) CAN-High 与 CAN-Low 相交:两线波形呈现电压相等、波形相同、极性相同。

5) 读取测量数据块

使用博世 FSA740 综合检测仪或其他专用检测仪读取某控制单元数据块。如果显示 1,表明被捡控制单元工作正常;如果显示 0,则表明被捡控制单元工作不正常,其原因可能是线路断路或该控制单元损坏。

四 DBC 文件的原理、制作与使用方法

1. DBC 文件

DBC 是 Database Can 的缩写,其代表的是 CAN 的数据库文件,是 Vector Informatik GmbH 公司在 20 世纪 90 年代开发的。在这个文件中把 CAN 通信的信息定义得非常完整清楚,而 CAN 网络的通信就是依据这个文件的描述进行的。Vector 数据库文件(.dbc)实际上已成为标识 CAN 通信的行业标准,正是因为有了它才可以使得整个 CAN 网络的节点控制器无差错地协同同步开发。

DBC 文件是一个基于 ASCⅡ的转换文件,用来给 CAN 帧内传输的数据添加标识名称、缩放比例、偏移量和定义信息。对于任何给定的 CAN ID,DBC 文件能标识 CAN 帧中的部分或全部数据。CAN 帧中的数据可以分解为 8 个单字节值、64 个一位值、1 个六十四位值或这些值的任意组合——DBC 文件可用于标识、缩放和补偿所有这些值代表的数据,或其中的任何一个值所表示的数据。

2. 创建 DBC 文件

创建 DBC 文件,首先需要选择合适的工具。本书所述的工具是 Vector 公司的产品,配合 CANoe 一起使用的 CANdb editor,是一款专门用来编辑 DBC 文件的软件,可以直接在 Vector 的官网进行下载,如图 3-21 所示。

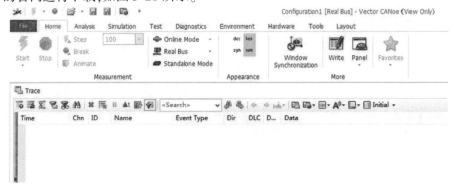

图 3-21　CANoe 界面

(1) 打开 DBC 编辑软件。

在打开的 CANoe 工程中,选择菜单 Tool,找到"CANbd + + Editor",如图 3-22 所示。点击"CANdb + + editor"后即可打开 DBC 编辑界面。

图 3-22　Tool 界面

(2) 新建一个数据库文件。

在 DBC 编辑界面下,点击"File"选项,然后创建数据库文件,会出现如图 3-23 所示的模板选择对话框。

可以根据需要使用的环境选择相应的模板,例如在这里我们选择"CANoe template.bdc",进入如图 3-24 所示界面。

为创建的数据库文件命名,这个由操作者自己定义,只要符合命名的规则即可。创建好文件名称之后,则进入编辑界面,如图 3-25 所示。

(3) 创建数值表。

创建数值表的意义是为了给后续创建的信号提供解释。创建数值表需要在数值表的视图中操作,通过主菜单的"View"可以将视图切换到"value table"界面,打开"value table"界面之后,在空白处右键选择"new"即可新建,如图 3-26 所示。

图 3-23　模板选择对话框

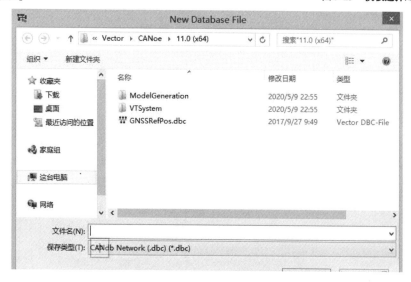

图 3-24　New Database File 界面

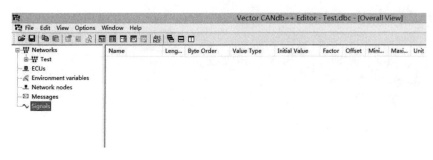

图 3-25　编辑界面

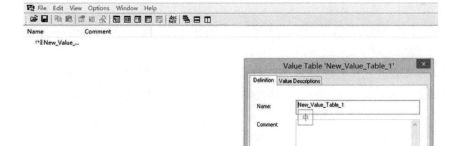

图 3-26　新建数值表

例如这里我们定义名称为"running_sts_coding",然后在"value description"中做一下定义,如图 3-27 所示。

图 3-27　在"value description"中修改定义

点击确定,数值表中就会出现我们刚刚定义的这个数值,如图 3-28 所示。

图 3-28 定义数值后的数值表界面

(4)创建 Signal,关联相应的数值表。

前面提到的创建数值表只是一个准备,真正有意义的是信号,而数值表就是为信号服务的,因为数值表中对数值含义的解释可以完成对信号含义的解释。

通过菜单"view"将视图切换为"overview",如图 3-29 所示。

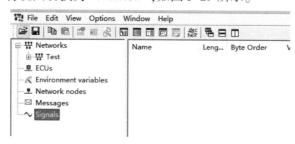

图 3-29 "overview"界面

然后在 Signals 的位置点击右键,选择新建,打开如图 3-30 所示界面。

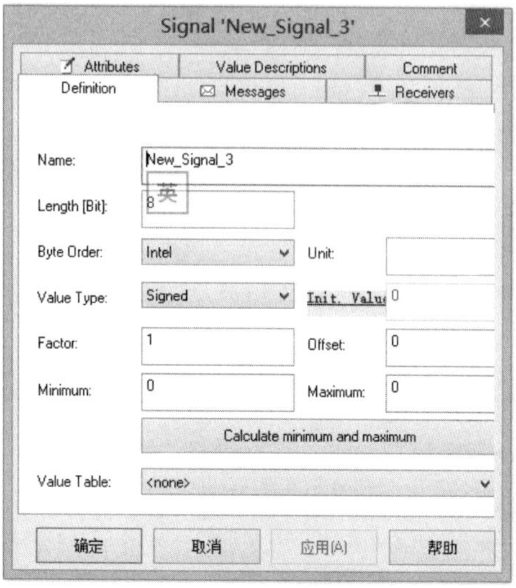

图 3-30 新建 Signal 界面

本例中,我们在"Definition"选项卡下,将"Name"修改为"motor_run_sts";将"Length[Bit]"修改为"1";在"Value Table"后选项框内,选择"running_sts_coding";在"Value Table"位置,选择我们在上一步建立的数值表。这样就将信号和数值表链接起来了,同时也完成了信号的创建。

点击确定以后,如图 3-31 所示,在视图中新增了一个刚刚建立的信号。

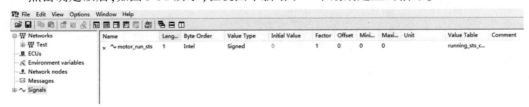

图 3-31　信号创建后的 overview 界面

(5) 创建 Message。

CAN 通信的载体是帧,也就是消息,而不是单纯一个一个的信号,是把很多的信号封装到消息帧里面以帧的格式进行传输的,所以在建立了 signal 之后还需要将信号封装到帧中,那么就需要首先创建 Message。在"overview"的界面中,Messages 位置点击右键,选择新建,弹出如图 3-32 所示界面。

在 Message 中则需要定义清楚帧的 ID 是多少、帧的类型是什么、帧的长度是多少、由哪个节点发送、发送的周期是多少等。本例中,我们在"Definition"选项卡下,将"Name"修改为"Motor_sts",将"ID"修改为"0x573"。

然后,在"Signals"选项卡中关联帧的信号,本例中,我们选择之前创建的信号"motor_run_sts",如图 3-33 所示。

图 3-32　新建 Message 界面

图 3-33　关联帧的信号

定义之后在 Messages 界面就出现一帧新的消息,如图 3-34 所示。

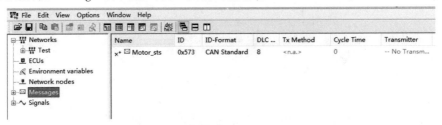

图 3-34　Message 创建后的 overview 界面

(6）创建网络节点。

定义消息的时候需要有发送的节点，那么这个节点就是 CAN 通信中的网络节点，这个节点也是需要进行定义的，方法同样很简单，在"overview"界面内的 Networks 处，点击右键，选择新建，打开如图 3-35 所示界面。

图 3-35　新建网络节点界面

这里可以定义节点名称和节点地址，这里的地址有别于前面 Message 中涉及的 ID，这是两个不同的概念。本例中，我们在"Definition"选项卡下，将"Name"修改为"TCU"。

然后在"Tx Message"选项卡中设置发送的消息，因为这时第一个节点还没有可接收的消息，所以只能设置发送的消息。本例中，之前我们创建了一帧消息，所以设置如图 3-36 所示消息。

设置完成之后，将左侧的视图展开，如图 3-37 所示。

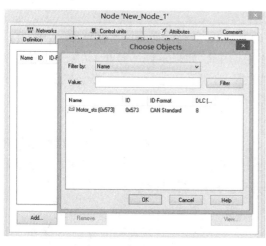

图 3-36　设置待发送的消息

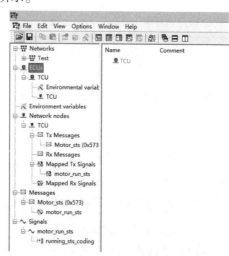

图 3-37　网络节点创建后的 overview 界面

这就是一个基本的 DBC 文件的结构，不管文件有多大，主要的组成元素就是这些，只不过是网络节点多一些,节点对应的消息多一些,然后消息内的信号多一些。

另外一点需要注意,创建 DBC 文件完成之后一定要进行一致性检查,利用菜单内 File 下的 Consistency Check 来检查。本例的测试结果如图 3-38 所示。因为本例中没有真正创建出网络,这个消息只有发送节点没有接收节点,才会出现这样的错误。

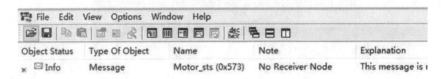

图 3-38　一致性测试结果

五　CAN 数据分析在智能网联汽车方面的应用

1. CAN 总线数据与智能网联汽车专用数据的关系

现阶段,整车各个系统之间与智能网联相关设备的通信,大部分仍然依赖于 CAN 总线通信。虽然智能网联相关设备除了通过 CAN,还能通过以太网、串口等方式对外交互,但 CAN 通信是线控、诊断、后台监控等功能的基础,有着不可替代的作用。

跟其他总线一样,CAN 总线的通信也是通过一种类似于"会议"的机制实现的,只不过会议的过程并不是由一方(节点)主导,而是每一个会议参加人员都可以自由地提出会议议题(多主通信模式),二者对应关系见表 3-6。

会议与 CAN 局域网二者关系　　　　　　　　　　　　　　　表 3-6

会议	CAN 局域网	会议	CAN 局域网
参会人员	节点	会议议题	报文内容
参会人员身份	报文 ID	参会人员发言顺序	仲裁机制

本节所述 CAN 总线数据就相当于会议中的所有发言内容,而智能网联汽车专用数据中的 CAN 数据相当于会议中某位代表的发言内容。因此,如果掌握了整车 CAN 总线基础数据信息,就掌握了智能网联汽车的一部分关键数据,对于系统运行状态判断、功能失效分析等有很大作用。

2. 基于 CAN 的智能网联汽车数据分析方法

本节以实例形式讲解如何运用基于 CAN 的智能网联汽车数据分析方法。讲解示例是某辆在某市示范运营的自动驾驶汽车,所出现的故障是定位系统提示无固定解。通过录制定位系统发出的 CAN 数据对问题进行定位和排查。具体过程如下:

(1)录制 asc 格式数据。

通过远程登录或者现场连接的方式,将采集工具的 CAN 接口并入定位系统原始数据 CAN 总线,并录制 asc 格式文件(图 3-39)。

图 3-39　asc 格式文件示例

模块三 CAN 总线数据分析技术

（2）制作定位系统协议 dbc 文件。

如图 3-40 所示，从定位系统生产厂商处获取定位系统协议文本，并制作 dbc 文件，如图 3-41 所示。

INS_Std（0x507） Baudrate：500K（默认） Frequency：100Hz（默认）

Name	Start Bit	Length Bit	Value Type	Byte Order	Range	factor	off set	Convertion	释义
INS_Std_Lat	8	16	UnSigned	Motorola	[0,65.535]	0.001	0	E = N * 0.001	纬度_标准差
INS_Std_Lon	24	16	UnSigned	Motorola	[0,65.535]	0.001	0	E = N * 0.001	经度_标准差
INS_Std_LocatHeight	40	16	UnSigned	Motorola	[0,65.535]	0.001	0	E = N * 0.001	高度_标准差
INS_Std_Heading	56	16	UnSigned	Motorola	[0,655.35]	0.01	0	E = N * 0.01	航向_标准差

图 3-40 数据协议文件示例

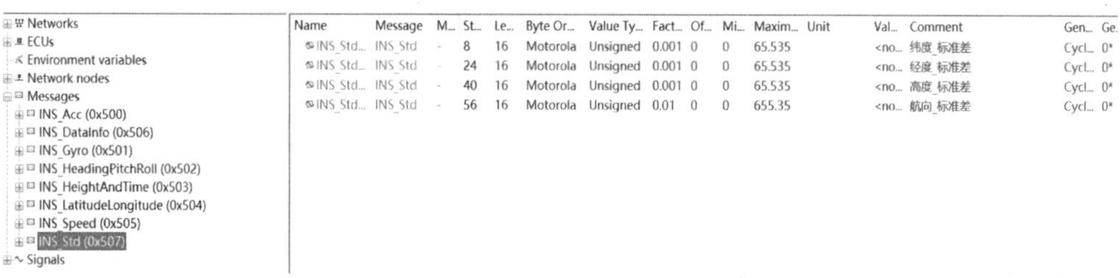

图 3-41 dbc 文件示例

（3）CANoe 软件加载 dbc 文件和 asc 文件。

如图 3-42 所示，在"simulation setup"界面右键点击"Databases"，并选择添加已制作好的 dbc 文件。

如图 3-43 所示，在"measurement setup"界面加载采集的 asc 格式文件。

图 3-42 "simulation setup"界面示例　　图 3-43 "measurement setup"界面示例

（4）绘图分析问题原因。

如图 3-44 所示，在"measurement setup"界面打开"Graphics"界面进行绘图分析。

经过信号加载与绘图分析，问题定位在搜星数上，正常情况开阔地带 GPS 搜星数量应当在 30~50 颗，但是系统提示当前搜星数只有 10 颗左右，严重偏少。经排查是天线连接故障导致信号丢失。天线重新可靠连接后问题排除。

53

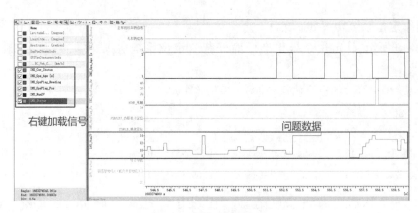

图 3-44　绘图分析界面示例

3. 基于 CAN 的智能网联汽车数据分析意义

基于以上分析，通过 CAN 总线数据提取，对智能网联汽车进行监控和故障排查，具有快速、可靠、易于操作等优点。

技能实训

实训项目　CAN 总线数据分析

课程名称：_____　　日期：_____　　成绩：_____

学生姓名：_____　　学号：_____　　班级：_____

任务载体	配备 CAN 总线的车辆一辆，以及装备了测试软件的上位机	
任务目标	利用 CAN 通信原理和 CANTest 通用测试软件进行报文读取和发送的实训操作	
项目	步骤	操作记录
1. 方案制作	1. 检测车辆 CAN 总线	
	2. 运用 CANTest 测试软件	
	3. 运用 CANoe 制作所需 dbc 文件	
2. 试验内容选择	1. 找出所需要进行测试的 CAN 总线	
	2. 制作完成对应所需的 dbc 文件	
	3. 使用 CANTest 完成相应的测试	
3. 实际测试	1. 启动 CANoe 制作测试所需 DBC 文件	
	2. 启动 CANTest 测试软件，并进行数据收发、查询等基本传输功能	
4. 实训评价	1. 根据试验内容选择评价指标	
	2. 根据试验内容选择评价实施方法	
	3. 对整个实训内容进行评价总结分析	
小组互评 第___组	组员学号					
	组员姓名					
	互评分					

教师考核	

思考与练习

一、填空题

1. CAN 总线协议具有两个国际标准,分别是_____和_____。
2. CAN 总线有_____和_____两个状态,分别对应逻辑_____和逻辑_____。
3. CAN 通信帧共分为_____、远程帧、_____、_____和帧间隔五种类型。
4. 根据标识符长度的不同,可以把数据帧分为_____和_____。
5. CANTest 测试软件可进行_____、_____等基本传输功能,是 CAN 总线测试的必备软件。

二、选择题

1. CAN 总线协议具有( )个国际标准。
   A. 3　　　　　　B. 2　　　　　　C. 1　　　　　　D. 4
2. PT-CAN 的 CAN-Low 对地电压大约为( ),CAN-High 对地电压大约为( )
   A. 2.4　0.2　　B. 4.8　0.2　　C. 2.4　2.6　　D. 4.8　2.6
3. CAN 总线最早是由德国博世公司在( )年推出的第一款 CAN-BUS 上使用。
   A. 1989　　　　B. 1990　　　　C. 1988　　　　D. 1998
4. 帧结束由( )个连续的隐形位组成。
   A. 4　　　　　　B. 5　　　　　　C. 6　　　　　　D. 7
5. 模块的基本检查包括对电源线、地线、唤醒线、CAN 总线的检查。其中 CAN 总线的检查:CAN 传输有_____根信号线,在工作时都是_____V 左右的电压。
   A. 两根　3.6　B. 一根　3.6　C. 两根　2.4　D. 一根 2.4

三、简答题

1. 简述 CAN 工作原理。
2. 简述 CAN 总线线路的基本检查步骤。
3. 一台仪表在接收到 CAN 信号后会转动相应位置,指示信号值,但是现在指针不转动了,试分析其可能的原因有哪些。
4. 简述 dbc 文件的定义。
5. 如果你是一位智能网联汽车工程师,现在你调试的车辆出现在其前方虽然有其他障碍车辆,但是前视摄像头却一直无法检测到目标的故障,请问你将如何分析并排查问题(前视摄像头通过 CAN 总线发出检测目标数据)?

模块四　车载以太网数据技术

> **学习目标**
>
> ▶ **知识目标**
>
> 1. 了解车载以太网的发展与应用；
> 2. 理解车载以太网的网络架构；
> 3. 掌握车载以太网网络的测试内容；
> 4. 了解以太网数据分析的常用软件。
>
> ▶ **技能目标**
>
> 熟练运用车载以太网常用分析软件进行数据分析。
>
> ▶ **素养目标**
>
> 1. 通过教学活动，培养学生爱党报国、敬业奉献、服务人民的思想意识；
> 2. 通过教学活动，培养学生独立学习、分析和处理信息的能力，不断提出真正解决问题的新理念、新思路、新办法；
> 3. 通过技能训练，培养学生团结协作、安全生产、规范操作的职业素养，弘扬劳动精神、奋斗精神、奉献精神。

一　车载以太网概述

1. 车载以太网的应用与发展

车载以太网是用于连接汽车内各种电气设备的一种物理网络，是一种用以太网连接车内电子单元的新型局域网技术。

以太网作为一种新型车载网络的进入汽车网络由来已久，2008年，宝马公司第一次将100Base-T应用到车载诊断系统（OBD），2011年，博通（Broadcom）推出了BroadR-Reach车载以太网技术，实现以太网从OBD应用到车载网络的过渡。2011年11月，由博通、恩智浦、飞思卡尔和哈曼国际发起的OPEN联盟（One-Pair Ethernet Alliance）成立，旨在推动将基于以太网的技术标准应用于车联网中。2014年，BMW-X5成为首款采用BroadR-Reach以太网技术的量产车型，从2015年开始在其全系车型中部署车载以太网，将娱乐、安全和通信子系统进行整合，构建车载以太网系统。2016年，车载以太网技术得到更多车厂的拥趸，捷豹、路虎和大众都在其某些车型集成了车载以太网技术。2015 年,国内车企奇瑞汽车就和博通签订了共同开发车载以太网应用的合作谅解备忘录。上汽荣威 RX5 是国内第一个将车载以太网应用到环视系统中的车型。

特别是在智能网联汽车上,由于自动驾驶系统、智能座舱系统和车辆大数据采集等带来了车辆对总线带宽需求的爆发式增长。这需要扩展性强、高带宽,且易于与其他控制器或系统交互的车载网络技术,同时有利于减少功耗、线束质量和成本。因此,车载以太网技术成为一种非常具有优势的解决方案,以 BroadR-Reach 技术为例,能够在提供 100Mbps 及更高宽带性能的同时,实现 30% 的线束减重、80% 通信连接成本降低。特别是在前期的技术与经验的积累下,将进入以太网替代 CAN 成为高速主干网,基于域控制器(Domain Controller)构建的网络拓扑成为子网系统的时代。如图 4-1 所示,该拓扑图中以太网为主干网络,将车载域控制器系统(车身域、底盘域、动力域、信息娱乐域、辅助驾驶域),通过逐步引入支持超高 Giga 比特带宽、超低时延 TSN 时间敏感型以太网技术进行高速互联。域控制器除了完成专用的控制逻辑外,还将作为子网关实现跨域数据交互功能。面向域控制器的网络拓扑改变了传统车辆网络架构中控制器到控制器的点对点交互方式。在新架构中,如车身域内部各控制器基于 CAN、LIN 总线完成数据交互(类似于传统汽车网络架构),在信息娱乐域中,娱乐域控制器与其子部件的通信将通过以太网实现;如一个域需跨与其他控制器交互信息,则需经由车域网关经以太网路由完成。因此,目前不仅在造车新势力中,车载以太网的应用非常迅速,如蔚来汽车、理想汽车、小鹏汽车等,传统车企中其应用也非常广泛,基本带智能驾驶功能的车辆都已经应用车载以太网。

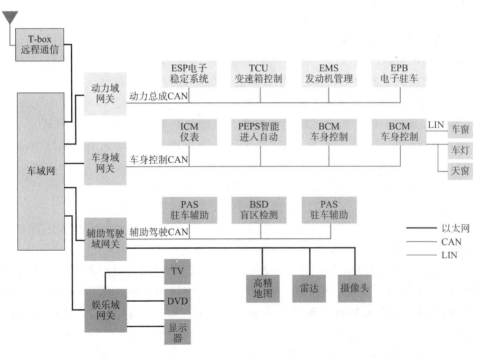

图 4-1 车载以太网拓扑结构图

但在短期内车载以太网还无法取代现有的车载网络,因此,以太网进入汽车网络是一个分阶段,从子系统开始逐步深入,并最终统筹汽车网络的演进过程。车载以太网的发展主要可分为三个阶段:子系统级别、架构级别、域级别。

(1)第一阶段:子系统级别。单独在某个子系统使用以太网,这一阶段的衍生产品目前已经在整车上实施,如基于 DoIP 标准的车载诊断系统(OBD)和 ECU 软件刷新。以 ECU 软件刷新为例,和原有的 CAN 相比,刷新时间将缩短为原来的百分之一,该应用将大大提升诊断和刷新效率,节省时间、生产及服务成本。

(2)第二阶段:架构级别。将几个子系统功能整合,形成一个拥有功能集合的小系统。车载以太网在信息娱乐系统和驾驶员辅助系统的使用,伴随着 BroadR-Reach(博通)技术的日益成熟和标准化的不断推进,基于 AVB(以太网音视频桥接)、SOME/IP(可扩展的面向服务的 IP 中间件)等技术将逐步推广使用,车载以太网将以单节点或多个节点的形式进行搭载,如使用高分辨率 IP 摄像头的全景泊车等驾驶辅助系统、多屏互动的高清信息娱乐系统等进入人们的视野。因为可以保证更高的带宽和更低的延迟,在涉及安全方面的应用,摄像头可以使用更高分辨率的未压缩的数据传输,从而避免如压缩失真等导致障碍物检测失败的问题。

(3)第三阶段:域级别。如图 4-1 所示,使用高速以太网为车载网络骨干,集成动力总成、底盘、车身、多媒体、辅助驾驶,真正形成一个域级别的汽车网络。各个域控制器在实现专用的控制功能的同时,还提供强大的网关功能。这种基于域控制器的架构改变了传统车载网络中 ECU 到 ECU 的点对点通信方式。如在车身控制域内部,各部件通过 CAN、LIN 沟通实现数据共享;在娱乐子网中,娱乐域控制器与其子部件的通信将通过以太网实现;当一个域需要与其他域交换信息时,则经由网关、以太网路由实现。

目前基本使用的是博通公司设计的 10/100Mbps BroadR-Reach 解决方案,与普通的以太网使用 4 对非屏蔽双绞线(UTP)电缆不同,该方案是在传统以太网协议基础上,使用一对差分信号实现数据的双向传输,还使用了特殊的编码方式,使数据传输的基频变为了 66MHz(民用以太网为 125MHz),通过这种方式来改善 EMI/RF(电磁干扰/辐射)等电气特性,从而满足了车载设备对于辐射和抗扰规定的要求。并结合车载网络需求专门定制了一些新标准,在单对非屏蔽双绞线上可实现 100Mb/s 甚至 1Gb/s 的数据传输速率,同时还满足汽车行业对高可靠性、低电磁辐射、低功耗、带宽分配、低延迟以及同步实时性等方面的要求。目前车载以太网主要用用在三大领域。

(1)信息娱乐:车辆大屏 HSD 线已经逐渐用以太网替代。

(2)ADAS:由于自动驾驶域的出现,其下面一些传感器,比如中央处理器交互,以及后面传感器控制器摄像头之间的交互,慢慢地需要用到 ADAS。

(3)诊断和刷新:前面提到的宝马刷新需求,如果要刷 1G 数据量,若用以前的 CAN 或者 CANFD,刷新要用 16h 或 8h,然而用以太网之后速率能达 100Mb/s 的。在保证接口不变的情况下,即用到的连接器的接口都不变,只需要把 CAN 线换成以太网的线,就能达到相应的一个速率。

2. 车载以太网和传统以太网区别

以太网能进入车载领域最关键的还是在于开发的车用以太网芯片和整体解决方案解决

了传统以太网的几大痛点;通过相关技术成功解决了汽车数据带宽的需求、车规要求的 EMC (电磁兼容性)问题和车内布线等,如提出了单对非屏蔽双绞线方案,将传统线束质量减轻 30%,降低了 OEM(原始设备)的成本等。

1)车载以太网解决了数据带宽需求

汽车上的电子设备变得越来越复杂,各种控制系统以及传感器的使用越来越多,车内的各种处理器和域控制器需要更多的数据交互,这种大量的数据交互对于车内数据传输带宽的要求越来越高。

在万物互联的大趋势下,汽车也慢慢变成了互联网的一部分,很多汽车中都配备了 4G/Wi-Fi。通过联网,用户和汽车 OEM 厂商可以对汽车中电子设备的软件进行 OTA 升级,对汽车进行远程诊断和状态监控。同时,车内设备也可以通过互联网获得实时交通信息和娱乐信息,这些数据的交互都需要更高的车内总线带宽。此外智能驾驶的实现必须依赖于大量的传感器(例如激光雷达、摄像头),这些传感器的数据传输和处理也依赖于更大的车内总线带宽。

2)车载以太网解决了车内布线需求

车内各个电子设备之间都是通过专用的电缆进行连接,这使车内线缆的布置和连接变得更加复杂,同时也带来了车内线缆成本和质量的成倍增加(车内线束的质量是在整车质量中排名第三位,同时成本也仅次于动力总成和底盘排名第三位)。博通(Broadcom)和博世(Bosch)通过一起研究和评估,实现了通过使用非屏蔽双绞线(UTP)作为 10/10/100Mbps 以太网的传输介质,而且可以使用更小的连接器端子,这样可以使得线缆的质量大大减轻。并且通过以车载太网的应用,车内的电子设备可以抛弃点对点的传统布线连接,只需要将各个设备连接到车载网关控制器上即可,这样也大大减少了车内布线的复杂度。

常规以太网与车载以太网的区别如图 4-2 所示。

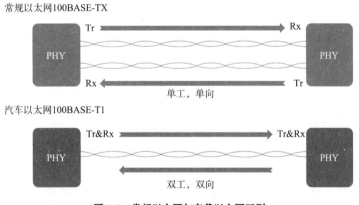

图 4-2 常规以太网与车载以太网区别

(1)传统以太网不能满足汽车 OEM 厂商对于 EMI(电磁干扰)和 RF(辐射)的要求,民用的 100BASE-TX 和 1000BASE-TX 的辐射噪声很难控制,并且承受噪声干扰(抗扰)的能力比较差。

(2)车载系统对于传感器及控制系统的响应速度有非常高的要求,而传统以太网不能保证 ms 级别(或更小)的传输延迟。

(3)传统以太网没有提供网络带宽分配的方法,因此,在不同的数据流同时传输时,无法保证每个数据流所需要的带宽。

(4)传统以太网没有提供网络设备之间进行时钟同步的方法,无法保证多个设备同一时刻针对数据进行同步采样(尤其是音视频数据)。

3. 车载以太网标准化现状

车载以太网标准化工作主要由 IEEE802.3 和 IEEE802.1 工作组、AUTOSAR 联盟、OPEN 联盟及 AVnu 联盟起主要的推动作用,现阶段已经完成标准化情况汇总,如表 4-1 所示。

车载以太网标准化现阶段情况汇总　　　　　　表 4-1

标准化组织	主要内容
IEEE 组织	物理层 PHY： IEEE 802.3bw：100BASE-T1； IEEE 802.3bp：100BASE-T1； IEEE802.3bv：塑料光纤 POF。 AVB 相关： Timing and Synchronization forTimesensitive(TSN)； IEEE 802.1Qat(SRP)； IEEE802.1Qav(FQTSS)； IEEE 1722-2011(AVTP,Audio Video Transport Protocol)。 其他： IEEE802.3bu：PoDL； IEEE 802.3br：Interspersing Express Traffic(IET)
OPEN 联盟	BroadR-Reach CMC Test Specilication； BroadR-Reach DUT and Test Station。 要求： BroadR-Reach Interoperability Test Suite； BroadR-Reach PHY Control Test Suite； BroadR-Reach Specifications for Communication Channel； BroadR-Reach Physical Transceiver EMC Test； BroadR-Reach Physical Media Attachment Test Suite； OPEN Alliance Automotive Ethernet ECU TestSpecifcation。 正在制定： TC11：Switch Specification； TC12：Test Specification for 1000BASE-T1
AUTOSAR 联盟	Automotive TCP/IP/UDP Stack； 一致性测试规范 perability Test Suite； 中间件：SOME/IP 等
AVnu 联盟	车载以太网 AVB 功能和互通性规范 V1.4

汽车智能网联的应用,需要支持多种系统和设备,同时还需具备内、外网络聚合能力,车载网络必须是可扩展的,且具有良好的兼容性。因此,车载以太网在实现和创新车内应用的

过程中,标准化是一个重要的驱动因素。各主机厂依据标准来设计,不仅可以缩短产品的上市时间,而且还能保证产品的可用性、生命周期、升级能力以及互操作性。也就是说车载以太网为了投入使用,进而形成一个产业,需要标准化。通过标准化,打通行业上下游的产业链,同时缩短产品的开发周期以及后期的维护。ISO(国际标准化组织)也开始关注车载以太网,并将车载以太网标准纳入网联汽车标准体系中,ISO/TC22 工作组目前正在制定车载以太网标准,具体见表4-2。

正在制定的标准　　　　　　　　　　　　　　表 4-2

标准编号	标准名称
ISO/AWI 21111-1	道路车辆—车载以太网—第1部分:一般信息和定义
ISO/AWI 21111-2	道路车辆—车载以太网—第2部分:系统要求和物理层接口
ISO/CD 21111-3	道路车辆—车载以太网—第3部分:光学1Gb/s物理层
ISO/DIS 21111-4	道路车辆—车载以太网—第4部分:光学千兆以太网组件的一般要求和测试方法
ISO/AWI 21111-5	道路车辆—车载以太网—第5部分:光学1Gb/s物理层系统规范和互操作性试验计划
ISO/NP 21111-6	道路车辆—车载以太网—第6部分:电气100Mb/s物理层设备规范和一致性测试计划
ISO/NP 21111-7	道路车辆—车载以太网—第7部分:电气100Mb/s物理层系统规范和互操作性试验计划
ISO/NP 21111-8	道路车辆—车载以太网—第8部分:电气100Mb/s组件要求和测试方法
ISO/NP 21111-9	道路车辆—车载以太网—第9部分:桥梁规范和一致性试验计划
ISO/NP 21111-10	道路车辆—车载以太网—第10部分:一般设备要求和试验方法

二 车载以太网架构

车载以太网架构对应 OSI(开放式系统互联)参考模型,主要分为物理层、数据链路层、网络层、传输层、应用层,每一层都有各自的功能,并且提供了各种协议框架下形成的协议簇及高层应用程序。车载以太网及其支持的上层协议技术架构,如图4-3 所示。

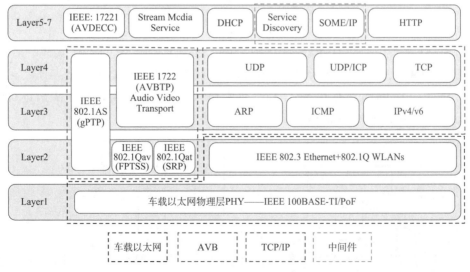

图 4-3　车载以太网协议架构

1. 物理层与数据链路层

参照 OSI 模型,车载以太网在物理层,即第 1 层、第 2 层采用了博通公司的 BroadR-Reach 技术,BroadR-Reach 的物理层(PHY)技术由 OPEN(一对以太网)联盟推动,因此,有时也被称为 OPEN 联盟 BroadR-Reach(OABR)。BroadR-Reach 提供标准以太网的 MAC 层接口,因而能够使用与其他以太网类型相同的数据链路层逻辑功能及帧格式,能够通过与其他以太网类型相同的方式运行高层协议和软件,支持全双工通信,可使一条链路上的两个车载以太网节点能够同时发送和接收数据。BroadR-Reach 利用先进的数字信号处理技术实现一条链路上的两个节点能够同时在该链路中发送和接收数据,包括使用混合电缆等特殊设备和回音抵消等技术,使各以太网节点能够区分发送和接收的数据。BroadR-Reach 技术与传统以太网物理层 100Base-Tx 相比,采用高度优化的扰频器,可以更好地分离信号,频谱效率更高。同时,车载以太网的信号带宽为 66.66MHz,只有 100Base-Tx 的一半,较低的信号带宽可以改善回波损耗,减少串扰,并确保车载以太网可满足汽车电磁辐射标准要求。

1)物理层构成

物理层两个子层是 PCS 层和 PMA 层,他们集成在同一块 ASIC 芯片中。PCS 子层接收 MII 层的数据并将其编码为符号提供给 PMA 层处理,同时它也将从 PMA 层接收到的信号解码成比特流,通过 MII 层传递给高层。PMA 是准备好用于传输的物理信号,同时接收信号向上传递,以便 PCS 可以从中提取编码信息。

1000BAST-T 的 PCS 层构成如图 4-4 所示,图中标黄的部分是和 100BASE-T1 不同的地方。

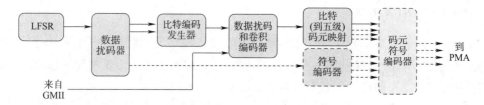

图 4-4 PCS 层构成

1000BASE-T 采用的是 4D-PAM5 的编码,100BASE-T1 采用的是 PAM3 编码。简单介绍这两种编码的差别,如图 4-5 所示,PAM5 是将传输线上分为 5 个电压等级:-1V、-0.5V、0V、+0.5V、+1V,间隔只有 0.5V,因此,对噪声很敏感,会增加一些算法来进行纠错。PAM3 分为 3 个电压等级,间隔 1V。

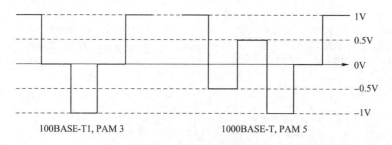

图 4-5 PAM5 电压等级

1000BAST-T 的 PMA 层构成如图 4-6 所示,图中标黄的部分是和 100BASE-T1 不同的地方。1000BAST-T 和 100BASE-T1 非常相似,只是简化了一下,100BASE-T1 发送的信号不会经过部分响应脉冲整形器,因为只有一对线,也去除了近端串扰和去抖动模块。

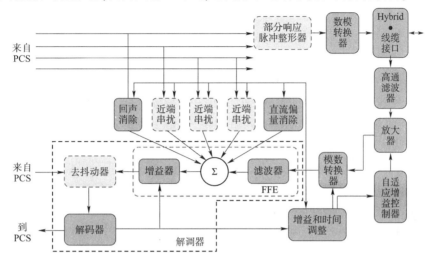

图 4-6　PMA 层结构图

2)数据编码过程

100BASE-T1 在汽车上通过一对非屏蔽双绞线可实现 100Mb/s 的全双工数据传输,其物理层的主要工作原理是将 MAC 层传递的数据,通过内部时钟转换(4B/3B)、数据编码(3B/2T)以及脉冲幅度调制(PAM3)转换成双绞线上传递的差分信号,以进行各种控制信号和数据的通信发送;接收过程反之。以发送为例,简单介绍下这个过程:

(1)MAC 层的数据通过 MII 接口,以 25MHz 的速率将 4bit 并行传递至物理层之后先进行 4bit 到 3bit 时钟转换。将第一组 4bit"0000"转换为 3bit 的"000"。第一组 4bit 最后一个 0 和第二组的 4bit 的"0101"前 2 位"01"组成第二个 3bit"001",以此类推。

(2)再进行 3B/2T 编码,每 3bit 数据(3B)编码成一对三进制符号(2T),标称值分别为 −1、0 和 +1。由于 3bit 二进制数据可以对应 8 个值,而 2 个三进制符号有 9 个可能值,这样就可以通过一对三进制实现 3bit 二进制编码值的覆盖,且有一个符号对没有使用。

(3)完成了 3B/2T 编码的一对三进制符号(2T)后,为了能在双绞线上传输,需要将三进制符号中的 −1、0、+1 对应成低电平、0 或高电平,这种三电平脉冲幅度调制方式即 PAM3。

从这个过程可以看出,这将汽车以太网的信号带宽限制在 33.3MHz,大约为 100BASE-TX 带宽的一半。较低的信号带宽可改善回波损耗,降低串扰,所以可以满足严格的汽车电磁辐射要求。

3)回声消除技术

回声消除技术的主要过程:作为发送方的节点将自己要发送的差分电压加载到双绞线上,而作为接收者的节点则将双绞线上的总电压减去自己发出去的电压,做减法得到的结果就是发送节点发送的电压。

简单来说,就是对于 100BASE-T1 的任一节点,在其发送时将自己的信号电压加入双绞线上,而在接收时从双绞线的电压中减去自己的信号电压,进而可以在一对双绞线上实现全双工。即100BASE-T1物理层的工作原理就是通过4B/3B转换、3B/2T编码,经过PAM3调制,最终通过一对双绞线上的差分信号以及回声消除实现100Mbit/s的全双工通信。

4) MII接口特殊的应用

MII接口还有特殊的应用,例如在APIX2、GSML2也有一些应用。举例如下:

(1)通过APIX2进行点对点的连接,通过该主机内的交换机连接到车载主干网络。通过以太网链路将车辆信息传输到仪表上。

(2)PoDL供电,使用PoE为设备供电可以进一步减少汽车所需的布线质量。

(3)低功耗唤醒规范,OPEN制定了唤醒规范,这是一个相对容易的最大能效车载应用解决方案。最大能效意味着不仅仅是物理层,整个ECU都进入了睡眠状态,只有在需要使用时才被唤醒。

5) 车载以太网的链路层

BroadR-Reach提供标准以太网的MAC层接口,因而能够使用与其他以太网类型相同的数据链路层逻辑功能及帧格式,能够通过与其他以太网类型相同的方式运行高层协议和软件。车载以太网的数据链路层采用IEEE802.3的接口标准,无须做任何示范与修改就可以与普通以太网的数据链路层技术进行无缝接连,并可以支持高层的网络通信协议(如TCP/IP)。

数据链路层MAC:提供寻址机构、数据帧的构建、数据差错检查、传送控制、向网络层提供标准的数据接口等功能。

2. 车载以太网协议簇

典型车载网络技术支持的通信协议相对单一,而车载以太网技术可同时提供包括TCP/IP、AVB、SOME/IP、DOIP等在内的多种协议簇。作为传统以太网功能的扩展,AVB基于新增的精准时钟同步、流预留、队列控制等协议,可提升传统以太网音视频传输的实时性,是极具发展潜力的网络音视频实时传输技术。车载时间敏感网络(Time-Sensitive Networking,TSN)是AVB的进一步拓展,TSN引入时间触发式以太网的理念,能满足汽车控制类数据传输的超低时延要求,可用于自动驾驶数据、车辆控制指令传输等高实时性要求场景。SOME/IP(Scalable Service-Oriented Middleware on IP)则定义了面向服务的通信传输方法,与传统CAN/LIN等总线面向信号的通信方式有显著的差别,是新一代面向服务汽车网络架构(SOA)的关键通信技术。此外,1Gbit速率通信标准的高速汽车以太网将实现POE(Power Over Ether-net)功能和高效节能以太网(Energy-Efficient Ethernet,EEE)功能,POE功能可在双绞线发送数据的同时为网络的终端设备提供电源,省去终端外接供电,降低了线束复杂度。

TCP/IP协议簇主要对应OSI参考模型的网络层和传输层,是一类协议的统称。网络层主要包括ARP(地址解析协议)、ICMP(因特网控制报文协议)、IPv4/v6(因特网协议类型4/6)、IPv4 Autoconfig(IPv4本地地址动态配置)等,传输层主要包括TCP(传输控制协议)、UDP(用户数据报协议)。

TCP/IP协议簇是网络协议栈的中心部分,是上方的应用协议和下方的物理硬件通道之间数据传输的连接点,起到高层应用与网络协议之间的桥梁作用。车载以太网的TCP/IP协议簇所包含的协议和普通以太网的 TCP/IP 协议基本相同,可以支持更上层的协议。TCP/IP 协议负责提供一些重要的服务以使高层的软件应用能够在互联网络中起作用,充当高层应用需求和网络层协议之间的桥梁。TCP/IP 主要负责主机到主机之间的端到端通信。两个关键的传输协议为传输控制协议(TCP)和用户数据包协议(UDP)。

1)传输控制协议(TCP)

传输控制协议(TCP)是一种面向连接的、高可靠性的、全双工方式传输的、基于字节流的传输层通信协议。由 IETF 的 RFC 793 规定 TCP 的 Protocol ID 为 6,当系统收到标注了包含 Protocol 6 的数据包后,就把数据包的内容发送到 TCP 作进一步处理。TCP 提供的服务大致可分为与连接相关的服务和与数据传输相关的服务。

应用层向 TCP 层发送用于网间传输的、用 8 位字节表示的数据流,然后 TCP 把数据流分割成适当长度的报文段,之后 TCP 把结果包传给 IP 层,由它来通过网络将包传送给接收端实体的 TCP 层。TCP 为了保证不发生丢包,就给每个字节一个序号,同时序号也保证了传送到接收端实体的包按序接收。然后接收端实体对已成功收到的字节发回一个相应的确认,如果发送端实体在合理的往返时延内未收到确认,那么对应的数据将会被重传。TCP 用一个校验和函数来检验数据是否有错误,在发送和接收时都要计算和校验。

TCP 连接的建立过程又被称为"三次握手"。所谓三次握手(Three-Way Handshake)即建立 TCP 连接,就是指建立一个 TCP 连接时,需要客户端和服务端总共发送 3 个包以确认连接的建立。整个流程如图 4-7 所示。

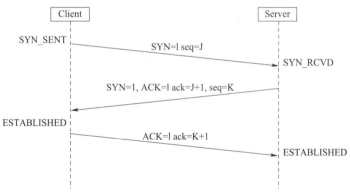

图 4-7　TCP 三次握手

Client-用户端;SYN_SENT-请求连接;ESTABLISHED-正式建立;SYN-合成器;seq-序列发生器;ACK-确认;Server-服务器;SYN_RCVD-收到

(1)第一次握手:请求端(通常称为客户)发送一个 SYN 报文段指明客户打算连接的服务器端口,以及初始序号 ISN,这个 SYN 段称为报文段 1。

(2)第二次握手:服务器发回包含服务器的初始序号的 SYN 报文段(报文段 2)作为应答。同时,将确认序号设置为客户的 ISN 加 1 以对客户的 SYN 报文段进行确认。一个 SYN 将占用一个序号。

(3)第三次握手:客户必须将确认序号设置为服务器的 ISN 加 1 以对服务器的 SYN 报文进行确认(报文段 3)。此包发送完毕,客户端和服务器进入 ESTABLISHED(建立)状态,完成三次握手,客户端与服务器开始传送数据。

连接建成后,这个连接将一直保持活动状态,直到超时或者任何一方发出一个 FIN(结束)信号。

TCP 连接的终止过程又被称为"四次挥手"。所谓四次挥手(Four-Way Wavehand)即终止 TCP 连接,就是指断开一个 TCP 连接时,需要客户端和服务端总共发送 4 个包以确认连接的断开。整个流程如图 4-8 所示。

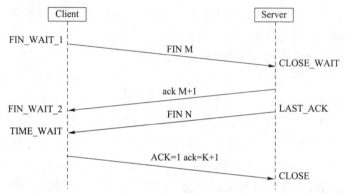

图 4-8　TCP 四次挥手

Client-用户端;FIN_WAIT-等待;TIME_WAIT-等待时间;FIN-车辆识别码;ACK-确认;Server-服务器;CLOSE_WAIT-等待关闭;LAST_ACK-最终确定;CLOSE-关闭

由于 TCP 连接是全双工的,因此每个方向都必须要单独进行关闭,这一原则是当一方完成数据发送任务后,发送一个 FIN 来终止这一方向的连接,收到一个 FIN 只是意味着这一方向上没有数据流动了,即不会再收到数据了,但是在这个 TCP 连接上仍然能够发送数据,直到这一方向也发送了 FIN。首先进行关闭的一方将执行主动关闭,而另一方则执行被动关闭,图 4-8 描述的即是如此。

(1)第一次挥手:首先进行关闭的一方(发送第一个 FIN,一般是客户端)将执行主动关闭,而另一方(收到这个 FIN)执行被动关闭。通常一方完成主动关闭而另一方完成被动关闭。例如输入 bye 命令后即导致 TCP 客户端发送一个 FIN,用来关闭从客户端到服务器的数据传送。

(2)第二次挥手:当接收方(服务器端)收到关闭方发送的 FIN,TCP 服务器向应用程序传送一个文件结束符,然后它发回一个 ACK,确认序号为收到的序号加 1,和 SYN 一样,一个 FIN 将占用一个序号。

(3)第三次挥手:服务器程序关闭它的连接,它的 TCP 端发送另一个 FIN。

(4)第四次挥手:当客户端收到服务端发送的 FIN,客户就必须发回一个确认,并将确认序号设置为收到序号加 1。

2)用户数据包协议(UDP)

用户数据包协议(User Datagram Protocol,UDP)主要用来支持那些需要在计算机之间传输数据的网络应用,包括网络视频会议系统在内的众多客户/服务器模式的网络应用都需要使用 UDP 协议。

UDP 没有像 TCP 一样的保证机制,当计算机之间利用 UDP 协议传送数据的时候,由于协议本身不能作出任何检测或提示,所以发送方只管发送数据,而并不确认数据是否被对方接收,因此就会导致某些 UDP 协议数据包在传送的过程中丢失,尤其网络质量不令人满意的情况下,丢失数据包的现象会更严重。因此,通常人们把 UDP 协议称为不可靠的传输协议。

虽然 TCP 协议中植入了各种安全保障功能,但是在实际执行的过程中会占用大量的系统开销,无疑会使速度受到严重的影响。UDP 由于排除了信息可靠传递机制,将安全和排序等功能移交给上层应用来完成,极大降低了执行时间,使速度得到了保证。

关于 UDP 协议的最早规范是 1980 年发布的 RFC768。UDP 协议在主流应用中发挥着重要作用,流媒体、实时多媒体游戏和 IP 电话(VoIP)就是典型的 UDP 应用。因为相对于可靠性来说,这些应用更加注重实际性能,所以为了获得更好的使用效果(例如更高的画面帧刷新速率)往往可以牺牲一定的可靠性(例如画面质量)。这就是 UDP 和 TCP 两种协议的权衡之处。根据不同的环境和特点,两种传输协议都将在今后的网络世界中发挥更加重要的作用。UDP 协议和 TCP 协议的区别如下:

(1) TCP 协议面向连接,UDP 协议面向非连接;
(2) TCP 协议传输速度慢,UDP 协议传输速度快;
(3) TCP 协议保证数据顺序,UDP 协议不保证;
(4) TCP 协议保证数据准确性,UDP 协议可能丢包;
(5) TCP 协议对系统资源要求多,UDP 协议要求少。

3) AVB 协议簇

汽车随着技术的发展,增加了越来越多的语音、视频、图像等娱乐功能,同时也增加了辅助驾驶功能,这就对汽车内部的数据传输提出了很高的要求,需要更多的音视频数据在汽车系统中进行传输。为了满足车内的低延时、高带宽、高可靠的要求,基于以太网的音视频桥接(Ethernet Audio/VideoBridging,AVB)技术得到应用。AVB 的高带宽和服务品质、确保数据的及时传递、更高的可靠性与较低的成本、开放的技术标准等特点,非常适合应用在汽车中。

AVB 是一系列 IEEE 802.1 标准集合,主要用于提升信息交换的容量、行业支持和音视频产品的标准化。音视频桥通常指交换机,其目的是为音频和视频数据提供时间同步、低延迟和保证带宽预留的流媒体功能。AVB 协议簇主要包括时精准时钟定时和同步协议(gPTP)、流预留协议(SRP)、时间敏感流的转发和排队协议(FOTSS)及音视频传输协议(AVBTP)。

4) 应用层协议

应用层协议是用户与网络的交互界面,负责处理网络特定的细节信息,覆盖了 OSI 参考模型的第 5 层至第 7 层。

应用层可根据用户需求为用户提供多种应用协议,如超文本传输协议(HTTP)、通信控制(SOME/IP)、服务发现(Service Discovery)、动态主机配置协议(DHCP)、流媒体服务(Stream Media Service)、设备发现、连接管理和控制协议(IEEE 1722.1)等。

车载以太网应用层协议直接面向用户,主要包括 SOME/IP(基于 IP 协议的可伸缩面向服务中间件)、DHCP(动态主机配置协议)、DOIP(汽车诊断服务协议)、HTTP(超文本传输协议)、Service Discovery(服务发现)等。应用层协议可以为用户提供多种服务,是用户能够具体应用的部分。如 DOIP 可以应用到车辆诊断和固件升级。

总之,汽车领域以太网对实时关键数据的传输问题,目前最为成熟的两项技术是时间敏感网络(TSN)和时间触发以太网(TTEthernet)。

(1) IEEE 时间敏感网络 TSN。

以太网音视频桥接技术 AVB 是在传统以太网络的基础上,使用精准时钟同步,通过保障带宽来限制传输延迟,提供高级别服务质量以支持各种基于音视频的媒体应用。IEEE 音频视频桥接(AVB)工作组在 2012 年 11 月正式更名为时间敏感网络工作小组(Time-Sensitive Networking,TSN)。

(2) TTEthernet 时间触发以太网(Time Triggered Ethernet,TTEthernet)。

TTEthernet 是一种基于 802.3 以太网之上的汽车或工业领域的实时通信网络,允许实时的时间触发通信与低优先级的事件触发通信共存,使以太网具备满足高安全等级系统要求的同时,依然可以承担对实时性要求不过分严格但仍然有高带宽的以太网传输需求。

TTEthernet 在时钟同步机制上引入了 IEEE 1588 V2 中的 P2P 透明时钟(Transparent Clock)的概念,利用透明时钟、步固化函数(Permanence Function)、压缩函数(Compression Function)的支持获得精确时钟。在同步时钟的基础上建立全双工交换式网络结构的周期性任务调度表,周期性任务调度表有静态与动态的两种使用方法。

TSN 和 TTEthernet 对比如表 4-3 所示。TTEthernet 支持三种不同的消息类型:时间触发(TT)、速率约束(RC)和尽力而为(BE)。TT 消息优先于所有其他类型,而 RC 帧是保证提供预留的带宽,BE 帧可以看做是标准以太网。

TSN 和 TTEthernet 对比　　　　　　　　　　表4-3

以太网技术	时间敏感网络(TSN)	TTEthernet
消息类型	速率约束(RC); 实时通信 A,B; 尽力而为(BE)	时间触发(TT); 速率约束(RC); 尽力而为(BE)
时间同步	IEEE 802.IAS 精准时钟定时和同步(gPTP)	IEEE 1588 V2
交换机技术	IEEE802.1Qav 时间敏感流的转发和排队(FQTSS); IEEE802.1Qat 流预留协议(SRP)	TT 消息具有最高优先级; Time Triggered 周期性任务表
数据帧格式/Byte	Header:18; StreamID:8; TimeStamp:4; AVB stream data:34-1488; CRC:4	CT-Marker:4; CT-ID:2; TTEthernet-payload:46-1500; CRC:4

三 车载以太网测试

如今汽车行业对可靠性和安全性的要求越来越高,车载以太网在应用过程中,为了保证其可靠性与安全性,就迫切需要对其开展测试工作。传统的以太网测试和车载以太网测试还存在着一定的差异,因此,传统以太网测试方法并不适用于车载以太网测试。汽车行业对测试的要求更高,所以需要由相应的组织或联盟制定车载以太网测试标准。目前,业界通用的车载以太网测试方法参考 OPEN 联盟制定的 TC8-OPEN Alliance Automotive Ethernet ECU Test Specification 和 TC-11 Ethernet Switch Test Specification 等标准,测试的内容主要包括物理层测试、车载以太网交换机测试、协议层与应用层除了 AVB/TSN 以外的一致性测试。下面就这些测试内容和测试方法做具体的介绍。

1. 物理层测试

车载以太网物理层测试主要包括两个方面的测试:PMA(Physical Media Attachment)测试和 IOP(Interoperability)测试,即互操作性测试。物理层测试的目的是为了保证端口的互连互通性能,检测发送器和接收器发送或接收信号是否符合汽车通信标准。

1)PMA 测试

PMA(物理媒质接入层)主要评估车载以太网的电气特性,针对 PMA 测试,OPEN 联盟于 2014 年 6 月发布"BroadR-Reach Physical Layer Transceiver Specification For Automotive Applications V3.2"规范标准,定义了 BroadR-Reach 的 PMA 电气规范。在 OPEN TC8 规范中,测试的内容主要包括 6 种常规测试项:传输衰落、传输失真、传输时钟抖动(Master&Slave)、传输功率谱密度、传输时钟频率、MDI 回波损耗,以及其他的测试项:MDI 模式转换损耗、共模辐射等。

测试过程中,需要用到的仪器主要有示波器、矢量网络分析仪、分析软件、夹具等,夹具连接在被测设备(DUT)和示波器之间,起到电路转换的作用,设备连接示意图如图 4-9 所示。根据被测对象特点和测试项的不同,分别连接不同的测试仪表。

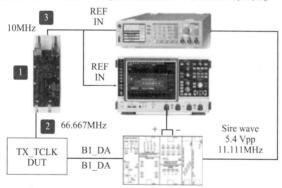

图 4-9 物理层 PMA 测试连接示意图

测试过程中,为了完成不同的测试项,需要将 DUT PHY(通常也称为收发器)通过修改寄存器的方式设置为不同的测试模式,使其发出特定的数据包,BroadR-Reach 中定义了 4 种测试模式。

(1)Test mode 1:Transmit droop test mode。

(2)Test mode 2:Transmit jitter test in MASTER mode。

(3)Test mode 4:Transmit distortion test。

(4)Test mode 5:Normal operation at full power(for the PSD mask)。

2)IOP 测试

车载以太网物理层 IOP 测试,即互操作性测试(Interoperability Tests),用于验证车载以太网 PHY 的可靠性和检查 PHY 能否在给定的有限时间内建立稳定的链路;还用于车载以太网 PHY 的诊断,如信号品质指数(SQI)和线束故障的检测;模拟车载以太网远、近端的开、短路故障作为 Link Partner,与 DUT 建立连接,获取两者之间的唤醒时间(精度可达 1ms)、信号品质指数以及电缆诊断信息。

IOP 测试的内容主要包括以下几项。

(1)唤醒时间(Link-up Time)。

对 Link Partner 的 PHY 进行多次上、下电操作,计算 DUT 与 Link Partner 建立连接所需要的时间;对 DUT 进行多次上、下电操作,计算 DUT 与 Link Partner 建立连接所需要的时间;对 DUT 进行多次唤醒、睡眠操作,计算 DUT 与 Link Partner 建立连接所需要的时间。

(2)信号品质。

逐步提高人工噪声水平,获取信号品质指数 SQI 的变化曲线;逐步降低人工噪声水平,获取信号品质指数 SQI 的变化曲线。

(3)线束诊断。

测试 DUT 在远端或近端发生一条或两条线路开路时,是否能够可靠地检测到开路故障;测试 DUT 在远端或近端发生短路时,是否能够可靠地检测到短路故障。

测试过程中,采用 Golden Device 作为 Link Partner,测试的连接示意图如图 4-10 所示。

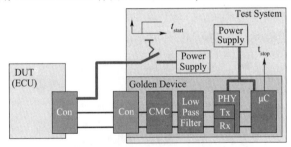

图 4-10　物理层 IOP 测试连接示意图

2. 交换机测试

车载以太网的交换机测试,是对车载以太网交换机常规数据帧收发相关功能的测试,测试的规范主要是 TC-11 Ethernet Switch Test Specification 标准,测试的内容如下。

(1)通用功能:数据帧正常转发、端口镜像、端口禁用、处理巨型帧、读出设备 ID 等基本功能。

(2)地址解析功能:地址学习、地址老化时间、地址解析表、地址学习配置模式等功能。

(3)虚拟局域网功能(VLAN):TPID 以太类型字段自由配置功能、双标签 Q-in-Q 功能、非标签数据帧支持、VLAN 跳跃攻击抑制、共享 VLAN 学习等功能。

(4)基于时间敏感网络的时间同步功能(TSN):对接收到的时间同步的帧正确处理的功能。

（5）服务品质（QoS）：对优先级流量正确处理和实现不同流量整形策略的功能，包括基于优先级的服务品质、基于 WRR 转发数据包功能、PCP 字段覆盖功能、优先级映射功能、支持漏桶算法功能等。

（6）配置功能：运行中可重新配置的功能，包括端口可单独配置功能、配置完成前支持在"禁止转发"模式下启动的功能、读回配置信息功能、支持锁定配置项功能等。

（7）过滤功能：在接收端口是否能按照设定，对接收到的数据帧进行过滤的功能，包括端口广播保护功能、通用过滤需求、与 VLAN 相关的过滤规则、基于上层地址的过滤规则等。

（8）诊断功能：计数器能否正确计数诊断、线缆和连接状态反馈诊断的功能等。

测试过程中，可以将测试平台作为流量发生器，发送不同类型的数据报文，由与之相连的计算机上的软件对报文的类型进行配置，在软件上对测试项的结果进行检查。与 DUT 相连的计算机也对 DUT 的工作模式进行配置。测试连接示意图如图 4-11 所示。

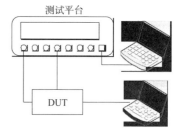

图 4-11 交换机测试连接示意图

3. 协议一致性测试

协议一致性测试（Protocol Conformance Test），指的是检验开放系统互连（OSI）产品的协议实现与 OSI 协议标准一致性程度的测试。车载以太网 2 层到 7 层除了 AVB/TSN 以外协议一致性测试的测试项目、测试过程以及测试判据主要依据 TC8-OPEN Alliance Automotive Ethernet ECU Test Specification 标准。

测试项主要为了验证两个方面的内容。

（1）Conformance Test：验证被测设备/系统是否遵循协议标准；

（2）Negative Test：通过发送非法报文验证被测设备/系统的稳定性/鲁棒性。

测试时，需要在 DUT 上安装辅助测试工具 Upper Tester（UT）。UT 本质上是一个运行在 DUT 中的应用，它能够接收测试平台发送的指令，来配置被测协议栈（IUT）的参数，或触发被测协议栈产生某种行为。UT 支持的指令和格式遵循 AUTOSAR 体系下的"Testability Protocol and Service Primitives"规范。将测试平台与 DUT 连接，选择对应的协议测试套件与 DUT 进行特定的通信，配置测试套件的参数，如 IP、MAC 地址等，结合 UT 的辅助作用对指定协议的测试项开展测试，测试平台收集测试数据，生成测试报告。测试设备连接示意图如图 4-12 所示。

以一个 ARP 测试项为例，介绍协议一致性的测试过程。

（1）配置 DUT 以清除 ARP 缓存中的动态条目。

（2）配置 DUT 以在其 ARP 缓存中添加一个静态条目，包含测试平台的 IP 地址和物理地址。

（3）配置 DUT 向测试平台发送 UDP 请求消息报文。

（4）测试平台监控接收到的报文信息。

（5）观察 DUT 的动作。

（6）根据判据判断 DUT 的动作是否能够通过测试。

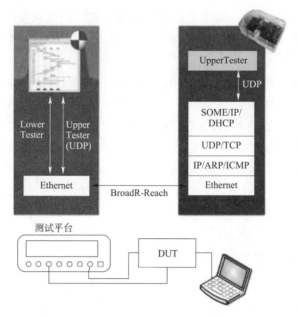

图 4-12 协议一致性连接示意图

除此之外,车载以太网测试还包括 AVB 协议簇的测试,测试的内容和参考标准主要是:时钟同步功能(IEEE 802.1AS)、流量控制功能(IEEE 802.1Qav)、流管理功能(IEEE 802.1Qat)、音频/视频传输协议[IEEE 1722(a)]。

四 以太网数据分析常用分析软件介绍

1. WireShark 概述

WireShark(原名 Ethereal)是目前世界上最受欢迎的协议分析软件,利用它可将捕获到的各种协议的网络二进制数据流,翻译为人们容易读懂和理解的文字和图表等形式,并显示在主界面的中部窗格中,可以十分方便直观地应用于计算机网络原理和网络安全的教学试验、网络的日常安全监测、网络性能参数测试、网络恶意代码的捕获分析、网络用户的行为监测、黑客活动的追踪等。它有十分丰富和强大的统计分析功能,可在 Windows、Linux 和 UNIX 等系统上运行。

2. WireShark 基本使用介绍

(1)下载和安装好 WireShark 之后,如图 4-13 所示,启动 WireShark 并且在 Interface List 中选择接口名,然后开始在此接口上抓包。

点击接口名称之后,就可以看到实时接收的报文。WireShark 会捕捉系统发送和接收的每一个报文。如果抓取的接口是无线并且选项选取的是混合模式,那么也会看到网络上其他报文。

(2)进入抓包界面,如图 4-14 所示。上端面板每一行对应一个网络报文,默认显示报文接收时间(相对开始抓取的时间点)、源和目标 IP 地址,使用协议和报文相关信息。点击某一行可以在下面两个窗口看到更多信息。"+"图标显示报文里面每一层的详细信息。底端窗口同时以十六进制和 ASCⅡ码的方式列出报文内容。

图 4-13　在 Interface List 中选择接口

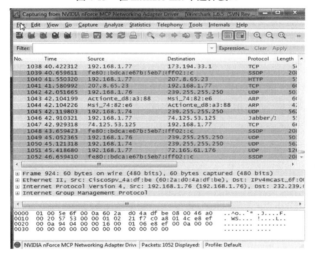

图 4-14　抓包界面

(3)需要停止抓取报文的时候,如图 4-15 所示点击左上角的停止按键。

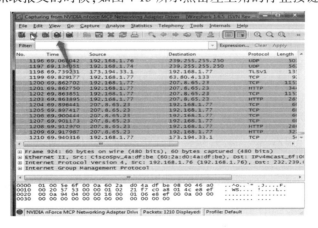

图 4-15　停止按键

(4)色彩标识:如图4-16所示,进行到这里已经看到报文以绿色、蓝色、黑色显示出来。WireShark通过颜色让各种流量的报文一目了然。例如默认绿色是TCP报文、深蓝色是DNS报文、浅蓝是UDP报文、黑色标识出有问题的TCP报文(如乱序报文)。

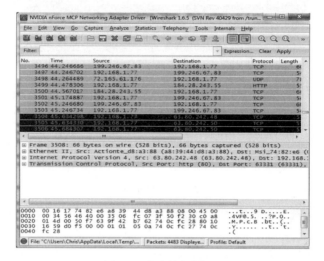

图4-16　报文的色彩标识

(5)报文样本:打开一个抓取文件相当简单,如图4-17所示在主界面上点击Open并浏览文件即可,也可以在WireShark中保存自己的抓包文件,并稍后打开。

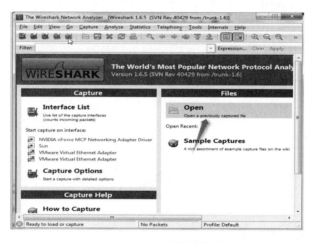

图4-17　打开报文文件

(6)过滤报文:最基本的方式就是在窗口顶端过滤栏输入并点击Apply(或按下回车)。例如,如图4-18所示,输入"dns"就会只看到DNS报文,输入时Wireshark会帮助自动完成过滤条件。

也可以如图4-19所示,点击Analyze菜单并选择Display Filters来创建新的过滤条件。

还可以如图4-20所示,点击右键报文并使用Apply as Filter子菜单,就可以根据此报文创建过滤条件。

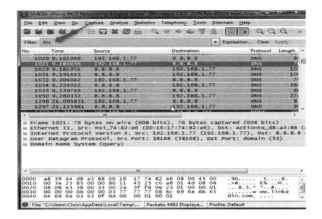

图 4-18　WireShark 过滤器

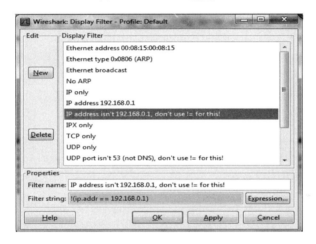

图 4-19　创建新的过滤条件

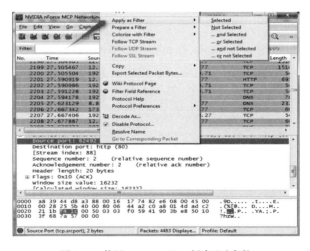

图 4-20　使用 Apply as Filter 创建过滤条件

（7）在包列表中选择一个 TCP 包，右键点击报文并选择 Follow TCP Stream，如图 4-21 所示。

图 4-21 Follow TCP Stream 进入界面

然后 WireShark 就会创建合适的显示过滤器,并弹出一个对话框显示 TCP 流的所有数据,就能看到在服务器和目标端之间的全部会话,如图 4-22 所示。

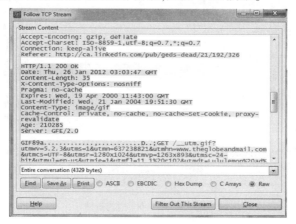

图 4-22 Follow TCP Stream 内容界面

(8)关闭窗口之后,如图 4-23 所示,会发现过滤条件自动被引用了 Wireshark 显示构成会话的报文。

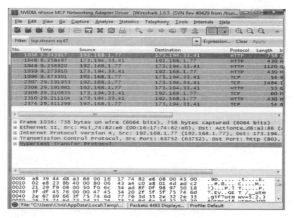

图 4-23 过滤条件自动被引用

技能实训

实训项目 WireShark 基本使用

课程名称：_____ 日期：_____ 成绩：_____

学生姓名：_____ 学号：_____ 班级：_____

任务载体	有 WireShark 安装包的上位机和具有以太网的车辆一辆	
任务目标	利用以太网数据分析 WireShark 软件抓取报文和分析报文的实训操作	
项目	步骤	操作记录
1. 方案制作	1. 查询并明确车辆的以太网类型及应用	
	2. 在上位机上安装 WireShark	
	3. 使用 WireShark	
2. 试验内容选择	1. 找出并明确车辆的以太网及接口	
	2. 安装 WireShark	
	3. 使用 WireShark 抓取报文和分析报文	
3. 实际测试	1. 车辆的以太网及接口的查找与连接	
	2. 安装并运行 WireShark，选择相应接口	
	3. 抓取报文	
	4. 进行色彩标识和过滤报文	
4. 实训评价	1. 根据试验内容选择评价指标	
	2. 根据试验内容选择评价实施方法	
	3. 对整个实训内容进行评价总结分析	
小组互评 第___组	组员学号	
	组员姓名	
	互评分	
教师考核		

思考与练习

一、填空题

1. 以太网能进入车载领域最关键的还是在开发的车用以太网芯片和整体解决方案解决了传统以太网的几大痛点，主要是车载以太网解决了_____需求和_____需求。车载以太网的发展主要可分为三个阶段：_____级别、_____级别、_____级别。

2. 车载以太网架构对应 OSI 参考模型,主要分为_____层、_____层、_____层、_____层、_____层。

3. 典型车载网络技术支持的通信协议相对单一,而车载以太网技术可同时提供包括_____、_____、_____、_____等在内的多种协议簇。_____协议簇是网络协议栈的中心部分,是上方的应用协议和下方的物理硬件通道之间数据传输的连接点,起到高层应用与网络协议之间的桥梁作用。

4. 车载以太网测试的内容主要包括_____测试、_____测试、_____测试。其中物理层测试的目的是为了保证端口的互连互通性能,检测_____和_____发送或接收信号是否符合_____通信标准。

5. _____软件是目前世界上最受欢迎的协议分析软件,利用它可将捕获到的各种协议的网络_____数据流,翻译为人们容易读懂和理解的文字和_____等形式。

二、选择题

1. TCP 连接的建立过程又被称为"三次握手"。服务器发回包含服务器初始序号的 SYN 报文段作为应答。同时,将确认序号设置为客户的 ISN 加 1 以对客户的 SYN 报文段进行确认。这一过程发生在(　　)阶段。

  A. 第一次握手 B. 第二次握手 C. 第三次握手 D. 以上三个

2. 车载以太网的信号带宽为 66.66MHz,只有 100Base-Tx 的一半,较低的信号带宽可以改善回波损耗,减少串扰,并确保车载以太网可满足汽车(　　)标准要求。

  A. 信号传输 B. 噪声隔绝 C. 网络连接 D. 电磁辐射

3. (　　)协议主要用来支持那些需要在计算机之间传输数据的网络应用,包括网络视频会议系统在内的众多客户/服务器模式的网络应用都需要使用该协议。

  A. TCP B. UDP C. AVB D. SOME/IP

4. 在 IOP 测试的内容中不包括(　　)。

  A. 唤醒时间 B. 信号品质 C. 传输失真 D. 线束诊断

5. 利用 WireShark 软件抓取报文时看到报文以绿色、蓝色、黑色显示出来,绿色是(　　)报文。

  A. UDP B. DNS C. TCP D. 有问题的 TCP

三、简答题

1. 车载以太网为什么需要标准化?
2. 简述车载以太网和传统以太网的区别。
3. 简述 UDP 协议和 TCP 协议的区别。
4. 简述利用以太网数据分析软件 WireShark 抓取报文和分析报文的操作步骤。

模块五 智能网联汽车系统模块数据分析

> **学习目标**
>
> ▶ **知识目标**
> 1. 掌握环境感知系统构成；
> 2. 理解规划控制系统关键参数；
> 3. 了解智能网联车辆数据存储与灾备防护技术。
>
> ▶ **技能目标**
> 1. 能完成车载组合实时定位导航模块安装调试与数据采集分析；
> 2. 能完成感知系统部件的在车安装调试与数据采集分析；
> 3. 能完成线控底盘转向、制动和驱动测试与数据采集分析；
> 4. 能知晓车辆数据与安全防护。
>
> ▶ **素养目标**
> 1. 通过教学活动，培养学生爱党报国、敬业奉献、服务人民的思想意识；
> 2. 通过教学活动，培养学生将自然科学、工程基础和专业知识用于解决复杂工程问题的能力；
> 3. 通过实践使学生养成获取新知识和分析新问题的能力，不断提出真正解决问题的新理念、新思路、新办法；
> 4. 通过技能训练，培养学生团结协作、安全生产、规范操作的职业素养，弘扬劳动精神、奋斗精神、奉献精神。

一 感知系统关键数据构成与分析方法

智能网联汽车的感知系统主要通过惯性导航/RTK（实时动态）、摄像头、毫米波雷达、超声波雷达和激光雷达实现对环境中的行人、机动车辆以及非机动车辆等目标物的检测。即通过摄像头、毫米波雷达和激光雷达发射探测信号，遇到目标物后发射回信号被传感器的接收系统接收，然后各个传感器的数据输入数据处理系统中，对数据进行预处理、目标检测算法以及数据融合算法等处理工作，最后得到目标检测的结果。

1. 惯性导航/RTK

惯性是所有质量体本身的基本属性,建立在牛顿定律基础上的惯性导航系统(Inertial Navigation System,INS)简称惯导系统,不与外界发生任何光电联系,仅靠系统本身就能对车辆进行连续的三维定位和三维定向。

惯性导航系统以陀螺仪和加速度传感器为敏感元件,应用航迹推算法提供位置、速度和姿态等信息。汽车行驶数据的采集由以陀螺仪和加速度传感器组成的惯性测量单元来完成。角速度经过处理后可以得出车辆的俯仰、偏航、滚转等姿态信息,利用姿态信息可以把导航参数从载体坐标系变换到当地水平坐标系中。

惯性导航系统可以说是一个由惯性传感器和积分器组成的积分系统。该系统通过加速度传感器测量车辆在惯性参考系中的加速度,通过陀螺仪测量载体旋转运动,可以进行惯性坐标系到导航坐标系的转换,将角速度相对时间进行积分,结合车辆的初始运动状态(速度、位置),就能推算出车辆的位置和姿态。

1) RTK 系统

RTK(Real-Time Kinematic,实时动态)系统通常主要包括 GPS 接收机、GPS 接收机天线、电台、电台天线、电脑和电池等部件。

(1) GPS 接收机。

GPS 接收机(图 5-1)的功能是接收、处理卫星信号,一套 RTK 系统至少需要两台 GPS 接收机:一台为基准站,一台流动站。

图 5-1　GPS 接收机

(2) GPS 接收机天线。

GPS 接收机天线是卫星信号的实际采集点,它也是据以计算流动站定位的点。因此,要确定一个观测点的位置,就必须把 GPS 接收机天线安放在观测点的上方。观测点的平面位置由天线的中心点位确定。观测点的垂直位置由天线的中心点位减去天线高来确定。系统中的每台 GPS 接收机都配有一个 GPS 接收机天线。

(3) 电台。

RTK 系统中基准站和流动站的 GPS 接收机通过电台(图 5-2)进行通信联系。因此,基准站系统和流动站系统都包括电台部件。基准站 GPS 接收机必须向流动站 GPS 接收机传输原始数据,流动站 GPS 接收机才能计算出基准站和流动站之间的基线向量。通过电台,基准站系统发送数据,流动站系统接收数据。

图 5-2　电台

(4) 电台天线。

电台天线是接收与发送无线电信号用的。基准站与移动站的电台天线根据作用距离的远近分两种。基准站:高增益天线(UHF-1),远距离用;UHF-2 天线,近距离用。移动台:UHF-2 天线,远距离用;UHF-3 天线,近距离用。

2) 车载组合定位模块

下面将以一款车载组合实时定位导航模块(图 5-3)举

图 5-3　车载组合定位模块外观图

例并介绍其技术参数。车载组合定位模块是一款高精度组合实时定位导航模块,用于车载定位导航,主要应用在具有智能网联或智能驾驶功能的乘用车、无人车。

组合定位模块作为智能网联系统中的定位传感器,为车辆提供厘米级定位定向数据和姿态数据。结合高精度地图实现智能网联或者智能辅助驾驶。组合定位模块支持定位定向,内置惯性传感器支持姿态输出,与车辆轮速等信息融合,在无GNSS(全球导航卫星系统)信号的情况下可持续一定的高精度定位时间。

(1)接口描述。

如图5-4所示,图中18pin的接口是外围串口线接入口,标有"GNSS主"和"GNSS从"的FAKRA连接器分别是主板的主天线和辅天线接口。

如图5-5所示,右下角有一个坐标,安装时以X轴方向为车的前进方向来进行安装。

图5-4 车载组合定位模块正视图

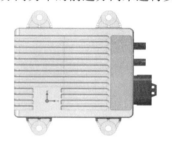

图5-5 车载组合定位模块俯视图

(2)技术参数。

车载组合定位模块技术参数见表5-1。

车载组合定位模块技术参数说明　　　　　　　表5-1

\	主要技术指标				
GNSS指标	信号跟踪	BDS:B1/B2; GPS:L1/L2; GLONASS:L1/L2; GALILEO:E1/E5b			
	定位精度	RTK:水平2cm+1ppm,高程4cm+1ppm			
	数据更新率	100Hz			
组合定位性能 (融合轮速)	时间(s)	位置精度(m)		速度精度(m/s)	
		水平	高程	水平	高程
	0	0.02	0.03	0.02	0.01
	10	0.35	0.4	0.07	0.03
	60	5	2	0.3	0.1
姿态精度	定向精度	0.1°(1m)			
	横滚/俯仰	0.1°(1σ)			
MEMS性能	陀螺	量程:±500°/s;零偏稳定性:≤3°/h			
	加速度计	量程:±8g;零偏稳定性:<1mg			

(3)数据接口。

车载组合定位模块提供了 RS232 标准数据接口、RS422 标准数据接口、CAN 接口。RS232 接口说明见表 5-2。

RS232 接口说明　　　　　　　　　　　　　　　　　表 5-2

信号	类型	描述	引脚号
COM_DEBUG_TXD	输出	程序打印信息输出	18
COM_DEBUG_RXD	输入	程序打印信息输入	17
COM_RTK_TXD	输出	调试数据输出	16
COM_RTK_RXD	输入	调试数据输入	15

组合模块提供两个 RS232 接口。分别是 COM-RTK 和 COM-DEBUG,两个 RS232 接口符合标准 EIA-RS232 电平,输入电压范围 -15V DC ~ +15V DC。可设置的波特率为 230400bit/s、115200bit/s、19200bit/s、9600bit/s。

RS422 接口说明见表 5-3。

RS422 接口说明　　　　　　　　　　　　　　　　　表 5-3

信号	类型	描述	引脚号
RS422_IN_P	输入	差分数据输入(+)	10
RS422_IN_N	输入	差分数据输入(-)	11
RS422_OUT_P	输出	GGA 语句输出(+)	12
RS422_OUT_N	输出	GGA 语句输出(-)	13

RS422 接口支持全双工模式,可设置的波特率为 115200bit/s(默认)、38400bit/s、19200bit/s、9600bit/s。

CAN 接口说明见表 5-4。

CAN 接口说明　　　　　　　　　　　　　　　　　表 5-4

信号	类型	描述	引脚号
CAN_HPP_H	I/O	车 ODB 数据 CAN(H)	3
CAN_HPP_L	I/O	车 ODB 数据 CAN(L)	4
CAN_RTK_H	I/O	RTK 数据 CAN(H)	7
CAN_RTK_L	I/O	RTK 数据 CAN(L)	8

组合定位模块提供两个标准 CAN 接口,波特率最高可达到 5Mb/s。CAN-HPP 用于输入车辆数据如轮速和挡位数据,CAN-RTK 用于输出定位数据或者 MEMS 传感器数据,也用于 CAN 上位机的配置管理参数、标定管理参数和固件升级功能。

实时定位导航模块进行实车测试实例如下。

对此款车载组合实时定位导航模块进行实车安装测试,进行正确的软件和硬件安装并确认无误后,需要对车载定位模块进行标定设置,获得参数以及绘制轨迹。

第一步:量取、设置主辅杆臂值。

(1)量取主、辅天线的杆臂参数。

模块与天线安装好后,用卷尺量取主天线和辅天线在紧组合模块坐标系下的空间几何坐标(有正负号),将量取得到的主、辅天线空间坐标作为主、辅天线的杆臂参数,分别标记为主天线杆臂参数 X1、Y1、Z1,辅天线杆臂参数 X2、Y2、Z2,单位为 m,数值精确到 0.01m。

(2)设置主、辅天线的杆臂参数。

①电脑连接模块专用线束的"COM-RTK"接口(如果是通过"USB 转 RS232 线缆"连接的,之前先安装驱动)。

②打开上位机 TightCombination.exe,波特率设置为 230400,选择对应的 COM 口,点击打开,提示"串口连接成功",并且出现数据语句输出和刷新。

③输入关闭所有语句输出命令:$HSET,ALL,OFF。点击发送,窗口停止刷新数据,方便查看串口信息返回。

④输入设置主天线杆臂参数命令:$HSET,LEVER1,X1,Y1,Z1。点击发送,返回<SET OK>。

⑤输入设置辅天线杆臂参数命令:$HSET,LEVER2,X2,Y2,Z2。点击发送,返回<SET OK>。

⑥查询杆臂参数是否设置成功,输入:$HLOG,LEVER,CFG。返回刚才量取的 LEVER1[X/Y/Z]:X1,Y1,Z1;LEVER2[X/Y/Z]:X2,Y2,Z2。参数和设置的一致,表示杆臂参数设置成功。

第二步:开始标定。

(1)场地选择。

标定场地要空旷平坦,场地大小推荐大于 4×100m,标定测试车方式是绕圈,绕圈车速不要太慢,以 30~40km/h 为佳,如果车速限制,可以 15km/h 左右为佳。标定过程建议直行加速,过弯减速(杠臂参数收敛速度快)。

(2)静态初始化。

到达标定场地,保证测试车静止且周围环境空旷,输入:$HSET,CALIBRATE,START,将紧组合定位模块设置为标定模式。等待紧组合定位模块完成静态初始化,静态初始化过程上位机软件数据窗口会实时更新$GCFG语句,待主天线的 X/Y/Z 的杆臂参数变为非 0,且不断更新,这个时候表示静态初始化过程完成,可以开始绕圈标定。该静态初始化过程时间长短取决于空旷环境下卫星数据质量,正常情况下 2~3min 可完成,数据界面如图 5-6 所示。

(3)测试车获取标定参数。

①以 15km/h 左右绕 4×100m 空旷场地开始对车进行测试,建议直行加速,过弯减速。

②等待$GCFG 语句中第三个字段(表示标定状态)从 0 更新为 1。该阶段第 5、6、7 字段(表示主天线 X、Y、Z 杆臂参数)数字收敛,当状态为 1 时不再变化。

③等待第三个字段从 1 到 2,该阶段第 9、10、11 字段(表示角度)开始变化,当状态为 2 时不再变化,表示标定已自动结束,立刻点击"关闭",断开串口连接,界面停止刷新,截图记录标定结束时 5、6、7 字段的数字。

④输入：$HSET,WORK,MODE,2,更改工作模式为融合轮速模式。

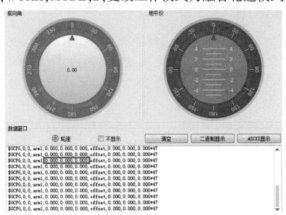

图 5-6　数据界面

(4)重启组合定位模块。

①断掉模块电源并重新上电,上位机重新打开串口,输入：$HSET,ALL,OFF,关闭数据刷新。

②输入：$HLOG,LEVER,CFG,再次查询杆臂值,判断是否和截图的标定结果一致,符合则表示标定结果保存成功。

③比较标定结果和之前量取的杆臂值,一般相差在±10cm内标定结果都可用,可以开始测试车测试。

④确认当前工作模式为融合轮速模式,即轮速状态显示1、标定模式显示2,"数据窗口"的轮速图标蓝色闪烁。

第三步：测试车测试。

(1)初始化。

保证标定后对定位模块进行过上电重启的操作。电脑连接模块专用线束的"COM-RTK"接口。打开上位机 TightCombination.exe,波特率设置为230400bit/s,选择对应的 COM口,点击打开,提示"串口连接成功",并且出现数据语句输出和刷新。

测试车测试之前需进行初始化,车辆静止在空旷环境下,等组合定位模块锁定,即上位机界面惯导状态变0为4。保持定位模块的位置不动,模块进行静态初始化,正常情况下静态初始化时间为2~3min。当上位机软件航向状态显示为"4",对准状态显示为"0F",表示静态初始化完成。确认无误,车辆可以准备跑动。

(2)开始测试并记录。

开始对车进行测试,点击"开始"记录车辆测试轨迹。测试结束,点击"停止"结束记录。

rtkplot 软件轨迹描绘：

测试车轨迹绘制,可选择 rtkplot.exe 软件和 Google Earth 软件分别分析对应的.pos 或者.kml 文件,本书以 rtkplot.exe 软件进行介绍。打开 rtkplot.exe 软件,导入.pos 文件进行绘图,如图 5-7 所示为软件自行绘出测试车轨迹。

图 5-7 绿色线段表示"固定点",GPS 信号最好,定位效果最可靠。黄色和蓝色线段表示

"浮动点",GPS 信号次之。紫色线段表示"失锁点",GPS 信号完全被遮挡,是靠 IMU 和轮速解算的轨迹。可以重复走同一段线路,通过线段的平滑性、连续性、重合程度评估定位效果。

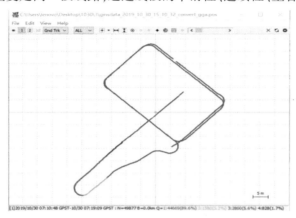

图 5-7　测试车轨迹图

2.激光雷达

车载激光雷达又称车载三维激光扫描仪,是一种移动型三维激光扫描系统,主要由发射系统、接收系统、信息处理三部分组成,基本原理就是将三维激光扫描仪 + POS(定位定姿系统)装在车上,可以在更长、更远范围内建立 3D 模型。

激光雷达的测距方法最常用的是飞行时差测距方法(Time of Fly,TOF),主要分为两类:一种是直接测距法,也叫脉冲法,通过测量激光脉冲在雷达与目标之间的来回飞行时间获得目标的距离;另一种是间接测距法,也叫相位差法,通过计算发射波形与接收波形的相位差来推测出激光雷达和目标的相位距离,从而间接地推断出目标的距离信息。

激光雷达根据安装位置的不同,分为两大类:一类安装在车辆的四周,另一类安装在车辆的车顶部。安装在车辆四周的激光雷达,其激光线束一般小于 8,常见的有单线激光雷达和四线激光雷达。安装在车顶的激光雷达,其激光线束一般不小于 16,如图 5-8 所示为常见的 16/32/64 线激光雷达。

16/32/64 线的激光雷达的感知范围为 360°,为了最大化地发挥它们的优势,常被安装在车辆的顶部。表 5-5 是较典型的三款激光雷达的技术参数。

图 5-8　16/32/64 线激光雷达

三款激光雷达技术参数　　　　　　　　　　表 5-5

特性	HDL-64	HDL-32	VLP-16
激光束	64	32	16
范围(m)	120	100	100
精度(cm)	±2	±2	±3
数据类型	距离/密度	距离/校准发射率	距离/校准发射率

续上表

特性	HDL-64	HDL-32	VLP-16
数据频率(px)	1.3×10^6	7×10^5	3×10^5
垂直角度(°)	26.8	40	30
水平角度(°)	360	360	360
功率(W)	60	12	8
尺寸(mm)	203×284	86×145	104×72
质量(kg)	15	1	0.83

如图5-9所示,激光雷达的数据输出采用百兆以太网UDP/IP通信协议,输出两种UDP包:点云数据包和GPS数据包。

图5-9 激光雷达数据

(1)以太网包头。

每台激光雷达均有唯一的MAC地址,以太网包头见表5-6。默认源IP地址为192.168.1.201,目的IP地址为5.255.255.255,即广播形式。

以太网包头　　　　　　　　　　　　　　表5-6

字段	字节数(bytes)	说明
Ethernet Ⅱ MAC	12	目的:(0xFF:0xFF:0xFF:0xFF:0xFF:0xFF); 源:(xx:xx:xx:xx:xx:xx)
Ethernet Data Packet Type	2	0x08,0x00
Internet Protocol	20	互联网协议
UDP Port Number	4	UDP源端口(0x2710,表示10000); 目的端口(0x0940,表示2368)
UDP Length	2	UDP序列关闭时为0x04B2,表示1202bytes; UDP序列开启时为0x04B6,表示1206bytes
UDP Checksum	2	—

(2)UDP数据。

所有多字节值均为无符号整型,按小端字节序。UDP数据头(Header)见表5-7,数据主体(Body)见表5-8。

双回波模式下,全部通道一轮发光返回的测距数据保存在相邻两个数据块中:

①奇数块保存最后回波,偶数块保存最强回波。

②如果最后和最强为同一回波,则偶数块保存次强回波。

UDP 数据头　　　　　　　　　　　　　　　　　　　　　　　　　　表 5-7

数据头:8bytes		
字段	字节数(bytes)	说明
0xEEFF	2	包头,0xEE 在前
Laser N	1	激光通道数,0x40 表示 64 线
Block N	1	每个数据包中的数据块(block)个数 0x6 表示 6 个数据块
Reserved	1	—
Dis Unit	1	距离参数,4mm
Reserved	1	—
Reserved	1	—

数据主体　　　　　　　　　　　　　　　　　　　　　　　　　　　表 5-8

数据主体:1164bytes(6 个数据块)				
数据块 1	数据块 2	数据块 3	……	数据块 6
Azimuth 1	Azimuth 2	Azimuth 3	……	Azimuth 6
Channel 2	Channel 2	Channel 2	……	Channel 2
……	……	……	……	……
Channel 64	Channel 64	Channel 64	……	Channel 64

③这两个相邻数据块中的方位角(Azimuth)相间。

每个数据块的字节数 = Azimuth 的字节数 + 64 × Channel × × 的字节数。数据尾(Tall)见表 5-9。

数据尾　　　　　　　　　　　　　　　　　　　　　　　　　　　表 5-9

数据尾:22/26bytes(UDP 序列功关闭/开启时)		
字段	字节数(bytes)	说明
Reserved	5	—
High Temperature Shutdown Flag	1	0x01 表示高温,0x00 表示正常工作。 (1)雷达检测到高温状态时,此标志位会置为 0x01,且系统 60s 后进入暂停状态。这 60s 及此后的暂停过程中,标志位始终保持 0x01。 (2)检测到雷达脱离高温状态后,标志位会置为 0x00,且系统自动恢复正常工作
Reserved	2	—
Motor Speed	2	电机转速 Speed_2_bytes[15:0] = speed(RPM)
Timestamp	4	该数据包的绝对时间,单位为 1μs 范围:0 ~ 000000μs(1s)
Return Mode Information	1	0x37 表示最强回波,0x38 表示最后回波,0x39 表示双回波
Factory Information	1	0x42(或 0x43)
Date&Time	6	该点云包的绝对时间,精确到秒
UDP Sequence	4	仅当 UDP 序列功能开启时,增加这 4 个字节; 该数据包的序列号,从 0 到 0xFF FF FF FF,小端字节序

(3) GPS 数据包。

GPS 数据包每秒被触发一次,GPS 数据包见表 5-10,所有多字节值均为无符号整型,按小端字节序。从外接 GPS 模块收到 NMEA 信息之前,激光雷达内部 1Hz 信号的每个上升沿触发一个 GPS 数据包。该数据包中的时间(Time 字段)和日期(Date 字段)信息为虚拟值,从 UTC 时间 00 10 10 00 00 00(年,月,日,时,分,秒)开始计数,随着内部 1Hz 信号更新。

GPS 数据包   表 5-10

字段	字节数(bytes)	说明		
GPS 数据包-UDP 数据:512bytes				
GPS 时间数据	18	GPS 数据头	2bytes	0xFFEE,其中 0xFF 在前
		日期	6bytes	年,月,日(各 2bytes,低字节在前,ASCⅡ 格式)
		时间	6bytes	秒,分,时(各 2bytes,低字节在前,ASCⅡ 格式)
		预留	4bytes	—
GPRMC/GPGGA 数据	84	包含日期及时间信息的 NMEA 语句; ASCⅡ 格式,有效数据至星号(*)之后的 2 个 bytes; 用户可选择接收 GPRMC 或 GPGGA 语句		
预留	404	404 个 0xDF		
GPS 定位状态	1	ASCⅡ 格式,提取自 GPRMC 或 GPGGA 语句。 选择 GPRMC 时: 　A(hex=41)表示 Active(有效定位), 　V(hex=56)表示 Void(无效定位), 　NUL(hex=0)表示 GPS 失锁; 选择 GPGGA 时: 　0 = 无效定位, 　1 = GPS 锁定(SPS), 　2 = DGPS 锁定, 　3 = PPS 锁定, 　6 = 估计(航迹推算)		
PPS 信号锁定标志	1	1 表示锁定,0 表示失锁		
预留	4	—		

收到 PPS(Pulse-Per-Second)信号和 NMEA 信息之后,激光雷达内部 1Hz 信号将锁定到与 PPS 信号同步。1Hz 信号的每个上升沿依然触发一个 GPS 数据包。同时,激光雷达将从 NMEA 信息中提取真实的时间及日期,放入点云数据包和 GPS 数据包中。

点云数据包:6bytes 的 Date&Time 字段(年,月,日,时,分,秒)。

GPS 数据包:6bytes 的 Date 字段(年,月,日)和 6bytes 的 Time 字段(秒,分,时)。

外接 GPS 模块先输出 PPS 信号,后输出 NMEA 信息。因此,在 PPS 脉冲的上升沿时,雷达还未收到对应的 NMEA 信息,而是从上一条 NMEA 信息中提取出日期及时间,并自动加上 1s,输出准确的时间。

3. 摄像头

摄像头也称为相机传感器,是新兴的环境感知传感器代表之一,它被广泛装配在各大豪华车型上,同时也被广泛应用到各种智能试验车辆中的环境感知系统。如图 5-10 所示,智能摄像头是测距传感器和图像传感器的融合,能发挥二者的长处,在获取车辆环境信息和目标识别等方面优势明显。

智能摄像头的工作原理是摄像头发生光线,当光线遇到障碍物时,会反射一部分光线到镜头,经过摄像头的镜头聚焦到电荷耦合器件芯片上,电荷耦合器件根据光线的强弱积聚相应的电荷,经过周期性放电,会产生表示一幅画的电信号,经放大电路和自动增益控制,于是由图像处理芯片处理的数字信号,经过模数转换到图像数字信号处理器中,通过提取图像中的障碍物,从而得到相应的物理信息。

图 5-10 智能摄像头

(1)硬件系统。智能摄像头硬件系统如图 5-11 所示,电器接口定义见表 5-11。

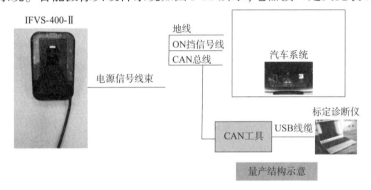

图 5-11 硬件系统

电器接口定义　　　　　　　　　　　　　　　表 5-11

线束	颜色	信号	型号
电源信号线束	红色	ON 挡电源信号	接插件型号: 368191-2
	黑线	车身地	
	绿色	车身 CAN0_L	
	黄色	车身 CAN0_H	
	蓝线	Sub CAN1_L	
	白线	Sub CAN1_H	

CAN0 通道一:250kb/s 波特率的高速 CAN 与车辆 CAN 总线进行通信,硬件上使用 NXP 的 TJA1042T/3 收发器,不带终端电阻。

CAN1 通道二:500kb/s 波特率的高速 CAN 与车辆 CAN 总线进行通信,硬件上使用 NXP 的 TJA1042T/3 收发器,带终端电阻。

(2)硬件外观尺寸。智能摄像头硬件外观如图 5-12 所示,外观尺寸为 131mm×87mm×46.4mm。

图5-12 硬件外观

摄像头的性能对采集图像的过程以及采集到的图像质量有很大的影响,在摄像头选型时,需要考虑以下几个性能参数,具体指标见表5-12。

(1)分辨率:摄像头在每次采集图像过程中采集的像素点个数,通常与参数有关。

(2)光敏元件的类型:CMOS。

(3)帧率:摄像头每秒钟传输图片的帧数,用fps表示。

摄像头性能参数指标　　　　　　　表5-12

指标	参数	指标	参数
分辨率(PPI)	≥850×675	光敏元件类型	COMS
帧率(fps)	≥55	工作温度(℃)	-20~+350

(4)工作温度:摄像头能够正常工作的外界环境温度范围。

摄像头广泛应用于汽车智能前视系统中。汽车前视系统视觉模块包括如下系统功能:

车道偏离预警(Lane Departure Warning,LDW),通过摄像头检测前方车道线,计算出车身与车道线之间的距离,当驾驶员无意识偏出车道时,系统告警,提示驾驶员回到本车道内,避免危险。

前碰撞预警系统(Forward Collision Warning,FCW),系统通过时刻监测前方车辆,判断本车与前车之间的距离、方位及相对速度,当存在潜在碰撞危险时对驾驶者进行预警。

视觉模块通过CAN报文输出进行预警,获取车身信息,通过仪表等设备对输出信息进行声音提醒驾驶员注意行驶路况。

1)LDW系统功能

(1)工作条件。

LDW视觉模块受天气影响较小,特别是除恶劣天气情况外,使能车速采用严进宽出的策略,当车速大于使能车速V_0后,车速在小于V_0时不会马上退出,只有小于退出车速V_1时才会真正退出,可以避免在临界车速状态时出现交替报警的现象。

系统进入LDW模式条件:LDW功能使能信号,即行驶速度大于使能车速(45km/h)。

(2)抑制条件。

系统处于LDW模式中,当出现以下情况之一时,退出LDW模式:LDW功能退出车速<40km/h,LDW使能信号关闭,开启转向灯换道行驶。

(3)LDW预警状态。

LDW系统作用范围如图5-13所示,即通过HMI输入信号使能LDW功能,系统将根据使能信号及车速信号控制系统进入或退出LDW模式。

2)FCW系统功能

FCW系统通过实时监测前方路况车辆情况,保障驾驶安全,提高驾驶员文明驾驶习惯,该系统完整实现两项预警功能:分别是预碰撞报警(距离靠近预警)和碰撞报警。

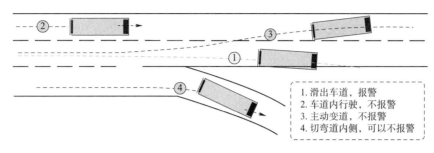

图 5-13　LDW 系统作用范围

（1）当视觉模块满足以下两个条件时，系统进入 FCW 工作状态：FCW 功能使能开启，行驶车速满足使能车速。

（2）当行驶条件为下列情况之一时，系统退出 FCW 模式：FCW 功能使能关闭，行驶速度不满足使能车速，制动信号开启。

（3）FCW 预警状态。FCW 预警状态如图 5-14 所示，即通过车辆前方的摄像头传感器对前方目标车辆进行检测和计算分析，已车与目标车辆的碰撞时间小于 2.7s 时（预警参数设定），系统则会发出报警声音，提醒驾驶员采取制动措施避免潜在碰撞事故发生。

图 5-14　FCW 预警状态示意图

$$TTC = Dist/(v_0 - v_1) \tag{5-1}$$

式中：Dist——两车距离；

v_0——本车车速；

v_1——前车车速。

注意：当前车远离状态，相对速度差为负值，TTC 不会发生。

智能前视系统计算目标车辆与本车辆的距离，一般将距离分为两段，即安全距离、危险距离区域，当前方车辆驶入红色危险区域时进行一次预碰撞预警，预碰撞预警由 THW 决定。

$$THW = Dist/(v_0) \tag{5-2}$$

不同车速路况，THW 预警距离不同，当 THW < 0.9s 时进行预碰撞预警，预警 Gap 区间为 0.2s。

（4）试验实例。

试验车辆搭载某两个品牌的摄像头，测试将对两个摄像头的性能进行对比，测试内容包括：最远探测距离测试、探测稳定性测试，以及纵向、横向距离准确性测试。

①测试条件：

a. 测试环境。

光线条件：白天。天气状况：晴天。道路类型：某试验场直线跑道。

b. 测试工具。

测试工具包括测试车辆 1 辆、测试用的两品牌摄像头各 1 台、假人 1 个、笔记本电脑 1 台、CAN 卡 1 台、手机若干台(用于拍摄测试视频和数据),测试用主摄像头安装位置位于车辆中心线上,距中心偏移量为 0。

②探测距离准确性测试:

a. 测试方法。

在车辆前进方向中心线,与摄像头平面纵向距离分别为 10m/20m/30m/40m/50m/60m/70m/80m 处,横向距离分别为 -1.3/1.4m 处。在每个点位分别放置立体假人并测量,同时记录测量数据,通过对比测试数据和实际数据误差进行探测准确性分析。

b. 数据分析。

A 品牌和 B 品牌摄像头各点位实测数据进行对比,见表 5-13。

各点位实测数据对比　　　　　　　　　　　　　　　　表 5-13

静态摄像头识别测试					
光照:白天		天气:晴	测试人员:×××	单位:m	
实际横向距离	测试横向距离		实际纵向距离	测试纵向距离	
	A 品牌	B 品牌		A 品牌	B 品牌
-1.3	-1.4	-1.27	10	9	10.06
	-1.4	-1.20	20	20	20.09
	-1.3	-1.26	30	27	30.25
	-1.3	-1.40	40	35	40.33
	-1.4	-1.29	50	45	50.35
	-1.4	-1.25	60	53	62.15
	-1.5	-1.23	70	67	73.15
	-1.5	-1.20	80	72	85.00
1.4	1.3	1.20	10	10	10.11
	1.3	1.23	20	20	20.41
	1.2	1.31	30	27	30.51
	1.2	1.30	40	39	40.39
	1.3	1.32	50	46	51.58
	1.4	1.33	60	56	59.31
	1.5	1.28	70	70	71.40
	1.5	1.27	80	77	81.34

4. 毫米波雷达

毫米波雷达主要用于汽车防撞预警系统中,其返回信息中包含了前方运动车辆的许多运动参数,通常有:

(1)由时间延迟确定的距离数据;

(2)由多普勒效应确定的径向速度数据;

(3)由雷达射线波束状态确定的角度位置数据。

毫米波雷达传感器是通过发射机发出的调制信号经过压控振荡器产生雷达射频信号,发射信号经过功率分配器和功率放大器,一部分辐射到周围环境中对障碍物进行检测,另一部分在混频器中与通过接收天线的回波信号进行混频,从而得到含有障碍物信息的中频信号。中频信号通过雷达数字信号处理电路及快速傅立叶变换,从而获得障碍物的相关物理信息,包括距离、速度和角度等信息。

毫米波雷达根据发射信号的种类,可以分为:脉冲方式的毫米波雷达和调频连续波的毫米波雷达;根据毫米波雷达的工作频率,可以分为:24GHz 毫米波雷达和 77GHz 毫米波雷达;根据毫米波雷达所能够探测到的距离,也可以分为:短距离雷达、中距离雷达和远距离雷达。

毫米波雷达传感器具有体积小、质量轻和精度高的特点,并且对雾、烟、灰尘的抗干扰能力强,具有全天候全天时的工作优势。

各种雷达探测范围具体的参数指标见表5-14。

毫米波雷达参数对比　　　　　　　　　　　　　　　表 5-14

参数	短距离毫米波雷达	中距离毫米波雷达	长距离毫米波雷达
探测距离(m)	<60	约100	约200
工作频率(GHz)	24	77	77
探测角度(°)	80	60	18

以某品牌长距离 77GHz 毫米波雷达(图 5-15)为例,该毫米波雷达可以输出较为精确的测量数据,其应用功能包括自动巡航控制(ACC)、前向碰撞预警(FCW)、制动支持和间隔距离报警等。

该毫米波雷达综合宽视角中距离和窄视角长距离于一体。早期的系统使用多波束机械扫描或者几个固定重叠波束来实现诸如自动巡航控制(ACC)等功能。

图 5-15　某品牌 77GHz 毫米波雷达

毫米波雷达性能参数包括以下几项。

(1)工作频率:主要为 24GHz 和 77GHz。

(2)更新频率:信号更新一次需要的时间。

(3)探测距离:能探测到的直线距离。

(4)探测角度:能探测到的角度范围。

(5)探测速度:能探测到的目标速度范围。

(6)距离精确度:探测到的目标距离与实际目标距离的一致程度。

(7)角度精确度:探测到的目标方位角与实际目标方位角的一致程度。

(8)速度精确度:探测到的目标速度与实际目标速度的一致程度。

表 5-15 为该品牌长距离和中距离毫米波雷达性能参数。

雷达性能测试:

由于在前期的 ACC 功能调试过程中,发现了雷达的信号不稳定,导致后续的参数调试工作无法继续开展。因此,这次试验主要按照国家标准对雷达的性能进行比较全面的测试,主要包括以下几个方面。

某品牌长距离和中距离毫米波雷达性能参数　　　　表 5-15

参数	长距离 自动巡航控制,碰撞警告	中距离 预碰撞安全系统,起停系统
系统属性		
频率(GHz)	76	
封装尺寸(mm)	173.7×90.2×49.2(宽×高×深)	
更新频率(ms)	50	50
覆盖范围		
最大探测距离(m)	100(0dBsm)	50(0dBsm)
距离(m)	1~175	0.5~60
速度(m/s)	-100~+25	-100~+25
方位角(°)	±10	±45
精度		
距离(m)	±0.5	±0.25
速度(m/s)	±0.12	±0.12
角度(°)	±0.5	±1
多目标区分能力		
距离(m)	2.5	1.3
速度(m/s)	0.25	0.25
角度(°)	3.5	12
波束宽度(OnBoresight)	3.5°Az	12°Az
	4.5°EI	4.5°EI
输入电压(V)	DC 8~16	
消耗功率(W)	<10	
连接头类型	USCAR 064-S-018-2-Z01	
发射功率(dBm)	10	
工作温度(℃)	-40~85	
数据输出接口	CAN 总线	

(1)静态目标探测距离测试。

(2)动态目标探测距离测试。

(3)静态直道多目标选择测试。

(4)动态直道多目标选择测试。

(5)动态直道切入、切出目标选择测试。

(6)动态弯道多目标选择和切入切出测试。

试验结果:

(1)本车静止,目标车辆停放在正前方 150m 处,雷达能够探测到车辆,且信号比较稳定。利用障碍物挡住雷达一段时间后松开,雷达能够重新发现目标,响应时间在 2.5s 左右。重复进行 10 次,全部取得成功,试验结果 1 如图 5-16 所示。

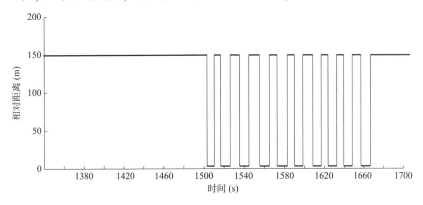

图 5-16　试验结果 1

(2)目标车辆移动到本车前方 75m 处,进行第二组试验。车辆移动过程中,雷达能够正确跟踪目标。利用障碍物挡住雷达一段时间后松开,雷达能够重新发现目标,响应时间在 2s 左右。重复 10 次,全部成功,试验结果 2 如图 5-17 所示。

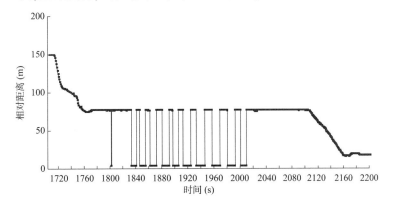

图 5-17　试验结果 2

(3)目标车辆移动到本车前方 15m 处,进行第三组试验。车辆移动过程中,雷达能够正确跟踪目标。目标车辆停止后,雷达的信号稳定,没有丢失目标。利用障碍物挡住雷达一段时间后松开,雷达也能够重新发现目标,响应时间在 2s 左右。重复 10 次,全部成功,试验结果 3 如图 5-18 所示。

目标车辆移动到本车前方 2m 处,进行第四组试验。车辆移动过程中,雷达能够正确跟踪目标。目标车辆停止后,雷达的信号稳定。利用障碍物挡住雷达一段时间后松开,重复 10 次,只有第 2 次遮挡雷达时,信号出现了波动(从 2.1m 跳到了 3.6m,持续时间 0.84s),而移开障碍物的过程中没有出现波动,其余情况下雷达信号都正常。试验结果 4 如图 5-19 所示。

5. 超声波雷达

超声波雷达传感器是目前技术较为成熟的传感器之一,广泛装配在各种车型上,主要用作汽车倒车雷达。倒车雷达又称泊车辅助系统,一般由超声波雷达传感器、控制器和显示器等部分组成。

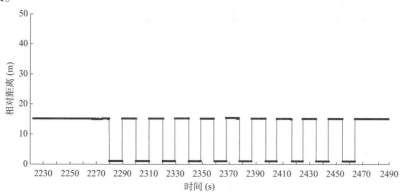

图 5-18　试验结果 3

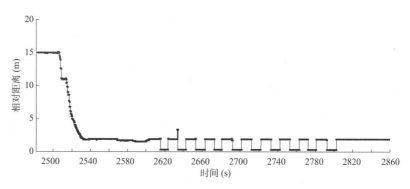

图 5-19　试验结果 4

在倒车时,启动倒车雷达,在控制器的控制下,由装置于车尾保险杠上的探头发送超声波,遇到障碍物,产生回波信号,传感器接收到回波信号后经控制器进行数据处理,判断出障碍物的位置,由显示器显示距离并发出警示信号,得到及时警示,从而使驾驶者倒车时做到心中有数,使倒车变得更轻松。

超声波雷达测量障碍物距离的方法有多种,如相位检测法、声波幅值检测法和往返时间检测法等。

以采用超声波测距技术的某品牌倒车雷达为例,其性能参数见表 5-16,报警提示相关状态见表 5-17。

某超声波雷达性能参数　　　　　　　　　　　表 5-16

指标	参数
额定工作电压(V)	DC 12/24
正常工作电压范围(V)	DC 9~18
功率(W)	3.6
工作温度(℃)	-20~+60
探测距离(m)	0.3~2.0
模测角度(°)	水平>60,垂直>60
麦克风灵敏度(dB)	-60

超声波雷达报警提示 表 5-17

分段	接近障碍物距离	区域分别	警示音	距离显示	指示灯颜色
1	200~160cm	安全区	无	2.0~1.6	绿色
2	150cm	安全区	语音报"1.5"	1.5	绿色
3	140~110cm	安全区	当---当--当	1.5~1.0	绿色
4	100cm	安全区	语音报"1.0"	1.0	绿色
5	90~50cm	警示区	当--当--当	0.9~0.5	黄色
6	40~30cm	警示区	当-当-当	0.4~0.3	红色
7	0~20cm	危险区	语音报"停车停车"	0.0	红色

二、规划控制系统关键数据参数分析方法

1. 制动系统

制动系统是可以使汽车的行驶速度强制降低的一系列装置组成的系统。制动系统主要由供能装置、控制装置、传动装置和制动器等部分组成。制动系统的主要功用是使行驶中的汽车减速甚至停车、使下坡行驶的汽车速度保持稳定、使已停驶的汽车保持不动。

目前,AEBS(紧急制动辅助系统)是一个自主且自动的道路车辆安全系统,系统以传感器来监测前面车辆并检测和目标车辆之间的相对速度和距离,计算即将发生的情况。在危险情况下,紧急制动时可以自动避免碰撞或减轻其影响。

AEBS 控制算法的制定主要有 3 种方法。第一种方法是基于车辆间的相对运动关系,通过获得的车辆状态信息评估前方碰撞威胁。例如日本马自达公司开发了一种车辆前方碰撞预警系统,该系统通过对车辆运动学关系的分析来确定紧急情况下的安全制动距离。第二种方法是以人的认知行为作为车辆安全行驶状态判断指标。第三种方法是利用驾驶员试验数据统计或拟合出的参数及曲线,建立安全车距与车速、加速度等状态量之间的数值模型,以此作为车辆安全行驶状态判断指标。

汽车制动系统主要有以下参数。

(1)前/后制动器制动半径 r_1/r_2。

(2)前/后制动器效能因数 BF_1/BF_2:制动器效能因数是制动鼓或制动盘的作用半径 R 上所得到的摩擦力($M\mu/R$)与输入力 F_0 之比。

(3)制动主缸直径 d_m。

(4)制动主缸总行程 δ_m。

(5)前/后轮缸直径 d_1/d_2。

(6)前/后轮缸行程 δ_1/δ_2,一般来说,缸径大、行程短的汽缸有利于高功率形式的汽车,缸径小、行程长的发动机汽缸可以使发动机的转矩更大,不同用途的车辆有不同的比例形式。

(7)制动踏板杠杆比 i_s:制动踏板有 3 个位置,分别是踏板臂旋转中心、脚踏板、输出力中心,制动踏板杠杆比就是制动踏板臂旋转中心与脚踏板距离和旋转中心与输出力中心之

间距离之比。对于不同车型,踏板杠杆比的数值是不同的。

(8)驻车制动杠杆比 i_z。

(9)制动片摩擦系数 f:指反映制动片摩擦效能的参数,是衡量制动片好坏的一个重要因素。制动片摩擦系数越小,摩擦力越小,易滑;反之摩擦系数越大,摩擦力越大,不易滑。制动片摩擦系数过高或过低都会影响制动性能,要根据实际情况灵活进行调教。

制动系统测试:

(1)制动系统的测试指标。

①响应延时(制动踏板指令下发完成到车辆速度等于零的时刻之差)。

②制动踏板与减速度的对应关系。

③压力响应延时(制动指令发送时刻与压力传感器大于零时刻之差)。

④建压时间(制动指令发送时刻与压力传感器值第一次到达目标值时刻之差)。

⑤制动踏板对应的稳态压力值。

(2)测试方法。

通过 CANoe 发送控制命令给制动系统,计算控制命令发送时刻到车速为零时的响应延时、减速度、建压时间、稳态压力值。测试过程 1 个变量:预定制动踏板开度(10%,20%,30%,40%,50%,60%,70%,80%,90%,100%)。

(3)测试结果。

个体评价(总质量 1.2t,车速 5km/h):

①减速度分辨率需要达到 $0.2m/s^2$(每增加 2% 制动踏板开度,减速度对应值增加 $0.2m/s^2$),满足要求。

②响应延时 128~178ms(由于程序延迟,反馈慢 4 周期左右,即 80ms),所以实际响应延时为 48~98ms,满足要求。

③最大制动距离小于 1m(由于车速仅为 5km/h),满足要求。

2. 转向系统

转向系统是专门用来改变或者恢复汽车行驶方向的机构,其既保障车辆按照操纵需要行驶,又使得车辆在受到路面偶然冲击或意外偏离行驶方向时与其他系统配合保持车辆稳定行驶。因此,转向系统直接影响车辆的操纵稳定性与安全性,也是驾驶过程中至关重要的一个系统。从汽车诞生之日起,转向系统经历了由纯机械人力控制到液压助力,乃至电控全电驱动的转变。

目前,智能网联汽车利用车载设备及路侧、路表的电子设备来感知周围行驶环境的变化情况,决策层控制器可以整合整车和道路信息,通过对车道线的识别和驾驶员操作意图的判断,计算出目标行驶轨迹,进而生成控制指令,并通过 CAN 总线将控制指令传送给底层执行控制器,实现对制动、转向以及加速的控制。而对于转向控制而言,就是将控制量传输给 EPS(电子助力转向系统),这里的控制量可以为电机转矩、转向盘转角等等。

EPS 通过执行决策层的转向控制量来实现车辆的自动转向控制,智能网联汽车控制流程如图 5-20 所示。当接收到决策层发送的转向盘目标转角信号后,通过转向控制算法,实现转角跟随控制。

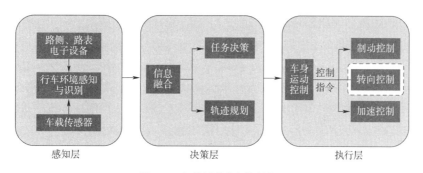

图 5-20 智能网联汽车控制流程

表 5-18 为某汽车电子公司的智能网联无刷 EPS 的相关技术指标。

智能网联无刷 EPS 技术指标　　　　　　　　　　表 5-18

项目序号	技术指标
1	EPS 最大转向角度不小于 ±500°
2	EPS 响应延时小于 100ms
3	EPS 转速不小于 550°/s
4	EPS 控制精度不低于 3°
5	EPS 位置跟踪稳态误差不大于 ±1°（阶跃信号）
6	EPS 位置跟踪峰值误差不大于 ±1°（正弦信号），且转角峰值滞后时间小于 100ms
7	整车状态车轮零点死区（转换为 EPS）小于 ±6°

1）转向系统主要性能参数

转向系统的主要性能参数有转向系统的效率、转向系统的角传动比、转向器传动副的传动间隙特性、转向盘的总转动圈数等。

（1）转向系统的效率。

转向系统的效率指转向器的输出功率与输入功率之比。在功率由转向柱输入、转向摇摆输出的情况下求得的传动效率叫正效率，而在传动方向与此相反时求得的效率为逆效率。为了减轻驾驶员操纵转向盘的体力消耗，应尽量提高转向器的传动效率，特别是正效率。

（2）转向系统的角传动比。

对于前轴负荷不大的或装有动力转向的汽车来说，转向的轻便性不成问题，主要应考虑汽车高速直线行驶的稳定性和减小转向盘的总圈数以提高汽车的转向灵敏性。因为高速行驶时，很小的前轮转角也会导致产生较大的横向加速度从而使轮胎发生侧滑。这时应选用转向盘处于中间位置时角传动比较大，而左、右两端角传动比较小的转向器。

对于前轴负荷较大且未装动力转向的汽车来说，为了避免"转向沉重"，则应选择具有两端的角传动比较大、中间较小的角传动比变化特性的转向器。

（3）转向器传动副的传动间隙特性。

转向器的传动间隙是指转向器传动副之间的间隙。该间隙 δ 随转向盘转角 ϕ 的改变而改变。通常将这种变化关系称为转向器的传动间隙特性。研究该传动间隙特性的意义在于它对汽车直线行驶时的稳定性和转向器的寿命都有直接影响。齿轮齿条的间隙要求≤0.08mm,并且带有间隙调整结构。

(4)转向盘总转动圈数。

转向盘从一个极端位置转到另一个极端位置时所转过的圈数称为转向盘的总转动圈数。它与转向轮的最大转角及转向系统的角传动比有关,并影响转向的操纵轻便性和灵敏性。小型乘用车转向盘的总转动圈数较少,一般在3圈以内;大型商用车一般不宜超过6圈。设计合理的线角传动比及齿条行程,可以满足圈数范围的要求。

2)转向系统测试

(1)转向系统的测试指标。

①转向时间(转向指令发送成功为起始时刻,第一次达到目标角时刻为终止时刻,二者的时间差);

②稳态误差;

③超调量(到达最大角度、目标角度,两者之差的绝对值);

④响应延时(转向指令发送成功为起始时刻,相邻两个周期反馈角度值变化超过1.5°为终止时刻,二者时间差)。

(2)测试方法。

通过CANoe发送控制命令给EPS,计算控制命令发送时刻到转向盘转角到达预期值稳态时刻的转向时间、稳态误差、超调量、响应延时。测试过程1个变量:预定转角(±30°、±60°、±90°、±120°、±150°、±180°等)。

(3)测试结果分析及结论。

个体评价(总质量1.2t,车速5km/h):左/右转动速率无明显差异,满足要求;最大稳态误差1°,满足要求;最大超调角1°,满足要求;响应延时49～82ms,满足要求。

3.驱动系统

驱动系统是电动汽车最主要的系统之一。电动汽车运行性能的好坏主要是由其驱动系统决定的。电动汽车驱动系统由牵引电机、电机控制器、机械传动装置、车轮等构成。

驱动系统储能动力源是电池组。电机控制器接收从加速踏板(相当于燃油汽车的加速踏板)、制动踏板和PDRN(停车、前进、倒车、空挡)控制手柄的输出信号,控制牵引电机的旋转,通过减速器、传动轴、差速器、半轴等机械传动装置(当电动汽车使用电动轮时机械传动装置有所不同)带动驱动车轮。

驱动电机好比人类的"心脏",直接影响着汽车的动力性能,从而影响汽车的综合性能。电机主要包括峰值功率、峰值转矩、额定功率、额定转矩等参数,电池组主要包括电池组电压、电池组串并联方式、电池组容量等参数。

驱动电机应该满足整车的动力性要求:最大速度、最大爬坡度和加速性能。其驱动电机参数设计主要有峰值功率P_{max}、峰值转矩T_{max}、最高转速n_{max}、基速n_e等。通常情况下,驱动电机的峰值功率是额定功率的2～3倍,但是驱动电机不能长时间处于最大功率下,所以额定功率由最高车速决定,峰值功率由最大爬坡度和加速性能决定。

目前驱动电机主要有直流电机、交流感应电机、永磁同步电机、开关磁阻电机四种,表5-19为四种电机的性能比较。

四种电机的性能比较   表5-19

指标	直流电机	交流感应电机	永磁同步电机	开关磁阻电机
功率密度	较差	一般	较好	一般
转矩转速特性	良好	较好	较好	较好
转速范围(r/min)	4000~6000	9000~15000	4000~15000	>15000
效率	75%~80%	85%~92%	90%~95%	85%~93%
易操作性	最好	好	好	好
结构的坚固性	差	好	一般	好
过载能力(%)	200	300~500	300	300~500
尺寸及质量	大,重	一般,一般	小,轻	小,轻
成本	高	低	高	低
控制器成本	低	高	高	一般

驱动系统测试介绍如下。

(1)测试参数。

响应延时(加速踏板指令下发完成到车辆速度大于零的时刻之差)。

(2)测试方法。

通过 CANoe 软件自动序列发送控制命令给驱动和制动系统,测试过程1个常量:制动踏板开度20%;1个变量:加速踏板开度,从5%开始递增,每次递增5%,一直递增到100%。

(3)测试结果。

①加速踏板行程和加速度没有明显的线性关系(有的电动汽车在程序上设置舒适模式,加速度与限制的最高车速有关,即限速5km/h,平均加速度在 $0.7~0.8m/s^2$,限速15km/h,平均加速度在 $2.2~2.3m/s^2$,限速20km/h,平均加速度在 $2.3~2.4m/s^2$,因此在测试该模式可关闭)。

②响应延时(181~267ms),满足要求。

4. 规划决策

在智能网联汽车行驶过程中,准确地避开障碍物是对其的基本要求。如图5-21所示,智能网联车辆的避障主要是依靠规划决策技术,其工作原理主要是利用先进的传感器技术来增强汽车对行驶环境的感知能力,将感知系统获取的车速、位置等实时信息反馈给系统,同时根据路况与车流的综合信息判断和分析潜在的安全隐患,并在紧急情况下自动采取报警提示、制动或转向等措施协助和控制汽车主动避开障碍,保证车辆安全、高效和稳定地行驶。

车辆避障控制要求车辆从起始状态向目标状态移动的过程中,能够自主地搜索一条避开障碍物的最优路径。对于使用怎样的算法规划出一条从起始状态到目标状态的避障路径,成了规划策略的核心问题。现在比较常见的方法有以下几种:

(1)栅格法。

栅格法是一种基于地图建模的方法,栅格地图储存如图5-22所示。该方法的实质是将行驶区域进行单元划分,用大小均匀的方格表示出来,其中,有障碍物和无障碍物的栅格表示方式不同。利用栅格法进行全局路径规划需要经过栅格划分、信息编码、路径搜索三个步骤。

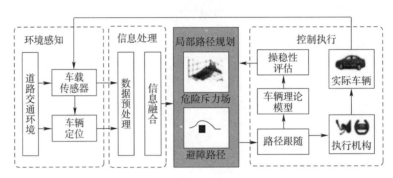

图 5-21　智能车辆避障原理图

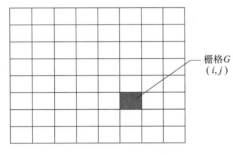

图 5-22　栅格地图储存

图中每个方格即为栅格,其大小由汽车的尺寸决定。根据环境中的障碍物等信息,可以确定汽车在每个无障碍栅格中的运动情况(主要是运动方向),以及基于改进型人工势场法的车辆避障路径规划来研究有障碍物栅格的信息,这样,就可以定义每个栅格的栅格属性,所有栅格的栅格属性组成了地图的属性,进而可以建立数字地图。在数字地图中,由这些栅格属性记录每个栅格中汽车的运动信息和障碍物信息。

数字地图建立完成之后进行信息编码,常用的编码方式类似于二进制,格式为:

1——当前栅格有障碍;0——当前栅格无障碍。

栅格信息的存储采用矩阵存储法,如图 5-22 所示,图中蓝色栅格的坐标为 $G(i,j)$,矩阵存储法就是将该栅格的信息存储在矩阵存储器阵列中的第 i 行、第 j 列,这种"栅格—存储"的映射办法,可以建立起整幅地图。

(2)可视图法。

在可视图法中,障碍物多以 n 边形表示,并将 n 边形的所有顶点构成相应的点集 V_0,可视图如图 5-23 所示。用直线将 n 边形各个顶点与起点 S、目标点 G 连接起来,但是遵循多个 n 边形的顶点间、起点与 n 边形的顶点间、目标点与 n 边形顶点间的连线不穿越障碍物的原则,即直线是"可视的"。如果给图中的所有边都赋予权值,就可构建可视图 $G(V,E)$ 和点集,其中 E 是全部可见边的集合,然后通过相应的算法在所有的可视直线中搜索出一条连接起点与目标点的最短路径,就是最优的避障路径。

图 5-23　可视图

图 5-23 是由两个障碍物的顶点、起点、目标点间的可视直线组成的简单可视图示意图,其中 O_1、O_2 为两个 n 边形障碍物,S、G 分别为起点和目标点。

使用可视图法进行避障路径规划的关键在于可视图的构建,而可视图的构建最重要的就是如何判断障碍物的顶点间是否可视,判断主要遵循以下两种规则:

①同一障碍物的顶点间是否可视的判断。在同一个多边形障碍物中,规定相邻的两个顶点间是可视的,反之,不相邻的顶点间是不可视的。

②不同障碍物的顶点间是否可视的判断。在存在多个障碍物的环境中,不同障碍物顶点间的连线若不与其他顶点间的连线相交则为可视的,反之则不可视。

(3)人工势场法。

人工势场法是由 Khatib 于 1986 年提出的一种虚拟力法,是传统算法的代表。人工势场法类似于物理学中电子在电场中的运动,其主要原理是在车辆周围构建一种虚拟的势场指引车辆的运动,在车辆行驶环境中的障碍物产生斥力场,如图 5-24 所示,目标点产生引力场,人工势场由这两种势场叠加而成。

人工势场法易于数学表达,规划出来的路径安全平滑无死点,其算法简单、具有很小的计算量、易于实现底层的实时控制,保证了实时性。人工势场法路径规划原理如图 5-25 所示。

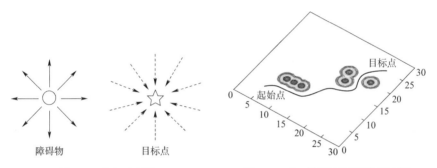

图 5-24 势场示意图　　图 5-25 人工势场法路径规划原理图

人工势场包含两种力场:运动目标位置所形成的引力场(Attractive Field)和障碍物所形成的斥力场(Repulsive Field)。将引力场和斥力场叠加,就形成了人工势力场。

三 智能网联车辆数据存储与灾备防护技术

1. 数据存储策略

如今,汽车制造商更喜欢将数据存储在本地,因为汽车生成的数据量相对较少。但随着向 L4~L5 自动驾驶等级演进,云计算和边缘计算战略的结合将占上风。由于以下挑战,汽车制造商不会完全依赖蜂窝网络:

(1)大数据集。

(2)高速实时处理要求。

(3)高带宽成本。

(4)安全和隐私问题。

网络传输数据的成本将成为决定数据传输方式和内容的决定性因素。例如,对于车企来说,一天将 L4~L5 级智能网联汽车的所有数据传输到云端的成本可能高达数千美元。对于整个车队来说,这不太可能是可行的解决方案,这就为车载存储创造了巨大的机会。

5G 网络的商业化可以将数据延迟降低到 10ms 以下。然而,5G 在车辆上的普及仍有待时日。因此,车载存储将是汽车制造商存储数据的最佳选择。

在数据旅程的每个阶段都有挑战,需要谨慎的数据收集、存储和使用策略。智能网联汽车将面临设计和成本的限制,而网络和云将受到带宽、延迟、安全性和连接性的限制。因此,智能网联汽车需要一个智能存储和卸载系统。

未来可能会出现许多新的商业模式,用于将数据卸载到云上。数据可以通过以太网电缆在充电站卸载,也可以在日常汽车维修期间在服务站卸载。根据训练模型或丰富数据库所需的数据类型,可以将数据本身缩减为更简单的元数据,而不是原始的未处理数据流。

数据管理的商业模式将因车辆的使用而有所不同,如乘用车、商用车、智能网联出租汽车和 OEM 测试车辆。例如,与乘用车相比,车企测试车辆在本地存储的数据份额将更大。OEM 测试车辆和商用车辆可以定期访问基站以交换物理存储系统。

2. 智能网联车辆存储方式

嵌入式多媒体卡(eMMC)存储是存储车载信息娱乐系统(IVI)数据的最常用方式。然而,eMMC 不能支持未来智能网联汽车,因为智能网联汽车将具有复杂的图形用户界面,并需要从内存进行高速访问。此外,信息娱乐系统必须有更多的存储空间来存储多媒体和高分辨率地图。

在完全智能网联的发展过程中,来自传感器的信号由驱动计算机高速处理,这需要高带宽。此外,驱动计算机可能包括并行运行的冗余系统,并实时比较决策结果,从而可能增加内存需求。

为适应存储的指数级增长和自动化程度的提高,存储技术需要从单层单元闪存(SLC NAND)发展到 eMMC/通用闪存(UFS),再发展到嵌入式固态硬盘(SSD)。

(1)单层单元闪存(SLC NAND)。

应用:事件数据记录器(EDR)中的事件日志、嵌入式系统中的代码存储。仪表板中的数据存储容量小,需要系统管理从 L1 级到 L5 级广泛使用,最大容量为 4GB。

(2)eMMC/通用闪存(UFS)。

应用:ADAS 中的信息娱乐系统、导航系统和代码存储。由于 MLC-eMMC/UFS 在性能和成本、数据安全性、耐用性、价格和容量之间提供了一个很好的折中方案,目前在 ADAS 中得到了广泛的应用。

此外,从成本角度来看,向 3D NAND(TLC)eMMC/UFS 的转移也将帮助适用于 L2~L4 级自动驾驶车辆。

(3)通用闪存(UFS)/固态硬盘(SSD)。

应用:存储高分辨率地图、AV 计算机、AI 数据库、黑匣子数据记录器。固态硬盘(SSD)的价格高于其他存储系统,但可以提供更快的速度、更大的容量和更高的带宽。将用于 L3~L5 级自动驾驶车辆。

安全性、可靠性和质量是汽车存储器的关键,汽车存储器至少必须符合这三项标准:ISO 26262、AEC-Q100 和 IATF 16949。

3. 智能网联数据安全

有别于传统人工驾驶车辆,智能网联汽车的最大特点是 AI(人工智能)技术的主导,其驾驶过程是机器不断收集驾驶信息并进行信息分析和自我学习从而达到智能网联的系统工程。

伴随智能网联汽车的发展,每辆汽车将从过去的封闭转向开放,融入联网的平台中进行实时的信息交互。黑客可以通过网络对车辆进行远程攻击,使车辆做出熄火、制动、加减速、解锁等操作,也可以通过截获通信信息、攻击云端服务器,达到窃取用户信息和车辆数据的目的,严重的还会威胁驾驶员和乘客的生命安全。同时,在智能网联汽车产业链中,数据的采集、存储、处理、传输、共享等生命周期各环节潜在的安全威胁,都给智能网联数据防护带来了全新的挑战,要想实现智能网联汽车规模化、商业化落地,必须解决数据安全这一"拦路虎"。

4. 数据安全风险分析

根据智能网联汽车功能实现的相关要求,结合智能网联数据的特点、产生流程、应用技术与场景,提出了智能网联技术应用架构。该架构根据智能网联数据的采集、传输、应用和销毁等全生命周期的过程特点,自下而上依次分为采集层、通信层、平台层和应用层。

采集层主要涉及智能网联数据从采集到存储的全过程;通信层包含了数据在车内传输和车端与云端传输的过程;平台层主要涉及各类平台对相关数据的管理与控制;应用层包含了在接收到数据后,按功能需求对数据进行处理,并将处理后的数据送到各个终端进行响应和应用。

1)采集层数据安全风险

(1)采集设备安全风险。

目前,包括实验室测试车辆、公开道路上路测车辆、封闭园区接驳车辆以及城市局部运营车辆在内的大部分智能网联汽车均为二次改装车辆。由于二次改装的非工程化作业,致使智能网联系统的传感组件、中央处理器及各种线缆等都裸露在汽车内外,除了智能网联系统组件丢失或损坏造成的直接数据丢失之外,系统里的数据也很容易被窃取、丢失或遭到不法分子的篡改、破坏。同时二次改装也会存在后增加设备一致性差、性能不稳定的情况,也给智能网联数据安全埋下了隐患。

(2)感知数据完整性安全风险。

感知类数据通过传感器数据采集车速、加速踏板行程、制动踏板行程、车窗、刮水器等各种有用数据信息,这个过程中,攻击者可通过干扰、欺骗、攻击等手段造成传感器设备失灵,如对传感器的干扰易造成感知数据的识别错误或在采集的样本数据中增加特定的攻击样本,也会造成感知数据污染,使得算法无法识别或识别错误。另一方面,在数据采集阶段,人为伪造的感知设备也会造成采集到的数据真实性难以保证,或采集过程被阻断等风险。

2)通信层数据安全风险

(1)恶意节点攻击风险。

智能网联数据通信是节点与节点之间的通信,攻击者可以通过身份伪造等方式恶意攻击或威胁数据安全。智能网联汽车在运行过程中通过传感器采集大量感知数据上传至云端进行整合分析。在传感器节点与云端通信的过程中,由于传感器节点和云端接口缺少认证机制,攻击者可以通过伪造传感器节点或者云端接口,从而伪造和篡改智能网联数据,使智能网联汽车做出错误的执行操作,引发安全问题。

(2)传输风险。

当智能网联汽车与外部交互时,通过车外通信网络传输数据,会面临数据在通信链路上被窃听或遭受中间人攻击的风险。智能网联汽车在进行车道级辅助驾驶时,会通过V2V(车与车通信)广播本车的坐标和轨迹信息,此类地理信息数据在传输时默认不采用加密机制,一旦恶意车辆有意图地监听周边车辆,就会很容易获取大量地理信息数据,进而计算出敏感区域的信息,严重情况下会造成国家秘密泄露。

(3)协议风险。

伴随多种无线通信技术和接口的广泛应用,智能网联汽车需要部署多个无线接口实现Wi-Fi、蓝牙、5G、V2X等多种网络的连接,从而满足数据获取和传输的要求。而此类通信协议的安全漏洞会直接威胁到数据传输的安全,如智能网联数据传输至车内网络时,会通过CAN总线或车载以太网传输至各个执行单元,而非法分子可以对通信协议认证机制进行破解,或采取中间人攻击窃取或篡改敏感数据。

3)平台层数据安全风险

平台层作为智能网联数据汇集、存储、计算、管理的中心,为智能网联汽车、道路设施、应用等提供数据处理、支持、更新等服务。作为智能网联数据汇聚和远程管控的核心,平台层除面临传统大数据、云平台所面临的安全风险之外,对应于智能网联数据的处理流程,也会面临新的安全风险。

(1)云平台安全风险。

不同类型、不同级别的智能网联数据都会在云平台汇聚、处理、流转。其数据价值越大,就越会成为攻击的焦点。同时云平台开放的服务架构及按需使用的服务模式,使得云平台越来越成为攻击的首要目标,尤其是对于大量使用云服务功能的智能网联汽车,远程尝试入侵云平台相比物理接触攻击车辆会更容易,而且带来的危害更大,对于攻击者而言收益也会越大。

(2)大数据处理安全风险。

智能网联海量数据的分析处理,必然用到大数据技术,如感知数据中的视频、图像,以及激光雷达产生的点云数据、路测数据、测试仿真数据、大量车辆状态监控数据等。这些非结构化数据在大数据平台上进行批处理或流处理时,对不同级别的数据如果没有相应的细粒度访问控制机制,就会存在访问权限过大、数据遭到滥用的风险。

目前大数据存储采用分布式存储技术,往往对于不用级别不同类型的数据在物理上是混合存储,不利于进行分类隔离和分级防护。同时数据在大数据平台上进行数据分析和数据挖掘时,对于数据融合所产生的隐私泄露问题,也是大数据处理时面临的主要风险之一。

(3)隐私泄露安全风险。

隐私泄露风险在平台层尤为严重,不仅是个人隐私数据,也包括商业秘密等敏感数据。这类数据在处理的不同环节均存在如内部权限滥用、外部攻击等方式导致的数据泄露风险。如感知数据中,地理信息数据、个人隐私数据、仿真测试平台积累的商业化测试数据、仿真场景化数据,以及平台提供的高精地图数据等。

在数据销毁阶段,数据销毁之后还存在一些未被擦除的残留,存在数据重新创建和恢复可能,会使用户隐私遭到泄露,造成隐私泄露安全风险。

(4)越权访问风险。

越权访问风险主要是指内部人员越权访问或滥用权限,造成安全机制被绕过,非法获取用户数据或造成数据的破坏。安全管理制度和相应的安全配置基线不完善,也容易给攻击者可乘之机。非授权用户的访问,不仅会导致智能网联相关数据、用户个人隐私数据被非法浏览,攻击者还能通过篡改、重写数据,影响智能网联汽车的行车安全和应用服务的质量。

4)应用层数据安全风险

(1)决策与控制数据安全风险。

决策与控制数据是通过对云端收集的多方数据进行分析,并向车端下发控车指令。攻击者通过对云端存储的数据进行窃取和篡改,破坏数据的可用性和完整性,使其无法用于数据分析和决策。当从云端向车端下发决策指令时,攻击者通过传输信道截取指令数据,对数据进行伪造或者通过伪造接收者和发送方进行数据的截取和重写,使车端接收到错误的决策和控制指令,引发安全事故。

(2)测试与仿真数据安全风险。

测试与仿真数据作为智能网联汽车上路前的试验数据和上路后的参考数据,起到决策辅助作用。此类数据的完整性和可用性是决定测试结果准确性的重要前提。如果被篡改会导致测试数据集的准确性降低,直接影响智能网联功能的安全性和可靠性。确保此类数据的存储安全、使用安全,防止未授权人对于数据的访问,是在做数据安全防护时应重点考虑的。

(3)用户个人信息安全风险。

车辆信息相关数据、用户驾驶习惯、用户信息这些数据是用户较为隐私的数据。越权访问、存储未采用安全措施等导致的数据泄露,可能会使车辆出现被盗或在行驶状态下被非法控制等后果,造成一定的经济损失和威胁人们的生命安全。

除此之外,今后智能网联汽车在实际运行过程中,将可能面临的车辆实体出国出境、高精地图感知数据存储于车内所引发的数据安全风险,同样值得高度关注。

5. 安全防护技术

1)安全防护技术目标

围绕智能网联数据全流程安全,其安全防护技术的目标主要包括以下几个部分:

(1)防止数据的过度采集。

智能网联数据的采集包括智能网联汽车在运行过程中的采集、路侧设施采集、高精度地图制图时的采集等。在这些采集环节,主要应保障数据的采集合规,防止过度采集,尤其是对地理测绘或涉及敏感隐私数据的过度采集,会造成数据的不合规滥用。

(2)保障数据的机密性、完整性和可用性。

数据采集后在车端的存储,通过专线、5G、Wi-Fi等传输到路侧端或云端时的存储,均应保障数据存储和传输时不被泄露和破坏。

(3)注重数据的隐私保护。

智能网联过程均会产生涉及个人、企业及组织的隐私数据,在对数据进行集中分析和应用的过程中,不同数据的融合也会带来隐私问题。因此,应防止数据在全流程环节中的隐私泄露。

(4)保障运营服务数据的合规性。

智能网联涉及多个不同的产业生态,包括智能网联数据的生产者、算法及平台的开发者、高精度地图数据运营者,以及其他开发、测试等环节所涉及的数据提供方等。数据在整个环节流通运营时,应保障数据所有者、数据使用者、数据运营者等多方的权益,厘清责任边界,保障数据生产流转过程中的合规。

(5)保障数据跨组织、跨平台应用安全。

智能网联数据从管理权属来说也会涉及不同的监管部门和管理平台,因此,在数据的跨部门和跨平台应用时,应保障数据的安全交换及共享,以及对交换过程的安全监管,防止数据的非授权访问和滥用。

(6)持续加强数据安全监管。

智能网联数据涉及不同类型、不同级别、不同部门,且都是影响安全风险的重要因素。同时,随着智能网联技术的发展,安全技术也会随之更新,因此,应建立持续的安全监管机制,持续加强智能网联数据安全监管。

2)安全防护技术思路和技术

在智能网联数据全生命周期过程中的采集层、通信层、平台层和应用层四个层次中,每一层的数据安全防护均不可或缺,需逐一对其加以防护,安全防护技术具体思路和技术如下:

(1)采集层数据安全防护技术。

①物理防护。

智能网联汽车的一些关键部件,例如 T-BOX、IVI、OBU 等,通常既可以与车内的网络进行通信,获取车内网络数据,同时也可以与外界进行通信。如果这些关键部件的系统被物理攻击,很容易通过物理方式将关键数据提取出来,所以需要对关键部件的系统进行物理防护。例如,采取安全启动、固件防提取等技术,在设备启动的各个阶段对启动过程进行安全校验,防止攻击者通过串口或者其他方式对设备的固件系统进行篡改或直接提取。

②采集防护。

智能网联汽车依靠大量传感器对周边环境进行感知。首先,应确保数据来源的真实性,对采集设备进行认证,防止非法的采集设备接入车辆;其次,确保数据的真实性,一方面应具备对采集数据进行完整性验证的机制,防止数据的非法篡改,另一方面也应针对不同的采集设备开发相应的精确感知识别技术,防止传感器欺骗和干扰;同时,还应对采集时的数据进行限制,不加限制随意采集数据,也会带来数据的合规性风险。

在某些情况下,汽车内部应用程序响应的延迟就有可能会酿成悲剧。因此,针对海量数据的实时在线传输除应用当前较为成熟的技术以外,还应从解决大流量高速安全传输、传输设备认证、资质监管等问题出发,开发相应的实时高速传输技术。

(2)通信层数据安全防护技术。

通信层数据安全防护技术是为了防止在智能网联数据传输的过程中,攻击者通过流量监控、分析获取数据信息,实时对智能网联数据传输的网络流量进行深度检测,精准判断出攻击行为和异常行为,对传输中的异常报文进行阻断或对行为异常的总线节点进行通信阻断。其中包括智能网联车内网络 CAN 总线入侵检测(CAN 帧深度检测、行为状态机检测、DOS 攻击基于负载率、信息熵、帧间隔的检测等)和智能网联汽车车内以太网入侵检测(以太网报文深度检测、车载以太网 SOME/IP、DOIP、AVB 应用协议检测)等。

(3)平台层数据安全防护技术。

①安全域边界隔离技术。

在各类平台网络入口、重要网络域入口处部署防火墙等安全设备,对所有流经网络边界的智能网联感知类、业务类数据进行严格的安全规则过滤,将所有不符合安全规则的数据屏蔽,严格控制区域间的数据访问权限。

②基于标记的访问控制技术。

对不同安全等级的数据访问的权限不同。因此根据智能网联数据应用场景的多样性、多方参与等特点,在建立完善的分级分类基础上,应针对不同级别、不同类型的数据基于用户角色进行标记,设置精细的访问控制规则,控制不同类型数据的访问权限,从而适应复杂的智能网联数据应用场景。同时设置不同等级的鉴权条件,控制不同优先级数据的开放范围,在保障智能网联不同场景下业务需求得到满足的同时,做好数据安全工作。

③数据脱敏技术。

平台层的智能网联数据在存储、分析、下发使用过程中,均需要采用数据脱敏技术来有针对性地剔除数据中携带的与平台业务无关的敏感信息,包括可能出现的图片、地理位置、用户隐私、关联信息等。数据脱敏技术对所采集和存储的智能网联数据进行扫描,形成敏感数据分类、分级分布视图,对不同种类、不同级别敏感数据进行脱敏处理,同时保持数据属性和数据间的依赖关系,确保脱敏后数据的有效性。

④面向智能网联的高精度地图专属云技术。

智能网联汽车所依赖的高精度地图数据涉及地理信息坐标等国家秘密范畴,这类数据在云端集中存储、处理和计算过程均要满足安全监管要求。因此,需要构建面向智能网联汽车的高精度地图专属云,利用专属云安全技术建立计算、存储、网络资源的物理隔离机制,除应用已有的云平台安全防护技术之外,应形成相对独立的高安全等级的高精度地图数据处理云环境。

(4)应用层数据安全防护技术。

①访问控制技术。

智能网联汽车的车载娱乐系统、智能座舱系统、远程诊断接口等负责与驾驶员、乘客或远程诊断系统进行交互,因此会保存大量涉及用户个人的隐私数据和车辆状态数据。这类数据的保护除利用安全存储技术保存在安全硬件设备之外,还应考虑采用数据访问控制技术,限制对个人隐私类数据和车辆敏感状态的非法访问和提取。例如,结合生物特征的身份认证及授权技术、基于角色的强制访问控制技术、远程安全诊断技术等,保证只有合法用户或设备才能访问车端数据。

②智能网联应用加固技术。

要保护用户隐私数据,可以结合智能网联数据特点,把加固技术集成到客户端内,为客户提供涵盖应用开发、打包、发布、运行全生命周期一体化的安全保障服务,有效防止针对移动应用的反编译、二次打包、内存注入、动态调试、数据窃取、交易劫持、应用钓鱼等恶意攻击行为,从而全面保护应用软件安全。

③智能网联算法的抗攻击及保护技术。

智能网联算法应能够具备识别和检测正常数据样本和攻击样本的能力,增强智能网联算法的抗攻击能力。同时,智能网联算法自身的保护技术除传统的对算法代码的保护之外,通常也会采用对不断输入数据的反馈增加噪声的方式来防止对智能网联算法的试探攻击,从而防止窃取算法的关键特征。

④安全测评自动化技术传统的检测技术。

主要是通过配置文件核查以及反编译查看静态代码的手段来配置相应的检测项。现有比较突出的测评技术,均开始使用动态检测的手段。应用层动态检测技术主要是构造模拟攻击者的真实攻击场景并发起攻击行为,通过是否成功取得预期的攻击效果,来判断在智能网联功能实现的某个环节上是否存在安全隐患。

技能实训

实训项目　智能网联汽车系统模块的测试与数据采集分析

课程名称:＿＿＿＿＿＿＿＿＿＿　　日期:＿＿＿＿＿＿＿＿＿＿　　成绩:＿＿＿＿＿＿＿＿＿＿

学生姓名:＿＿＿＿＿＿＿＿＿＿　　学号:＿＿＿＿＿＿＿＿＿＿　　班级:＿＿＿＿＿＿＿＿＿＿

任务载体	汽车一辆、两个品牌的数据采集(感知系统)和决策系统,以及相关的上位机和软件	
任务目标	1. 车载组合实时定位导航模块的测试与数据采集。 2. 感知系统中摄像头的在车测试与数据采集。 3. 线控底盘的测试与数据采集	
项目	步骤	操作记录
1.方案制作	1. 车载组合实时定位导航模块的准备、安装与调试(满足测试要求)	
	2. 激光雷达、摄像头、毫米波雷达、超声波雷达的准备、在车安装与调试(满足测试要求)	
	3. 线控底盘的准备,以及对转向、制动和驱动进行测试	
2.试验内容选择	1. 对车载组合实时定位导航模块进行测试,记录相关数据,并对数据进行分析	
	2. 对感知模块中的传感器块进行测试,记录相关数据,并对数据进行分析	
	3. 对线控底盘的转向、制动和驱动功能进行测试,记录相关数据,并对数据进行分析	

续上表

项目	步骤	操作记录		
3.实际测试	1.对装配车载组合实时定位导航模块的车辆进行初始化后进行测试并记录相关数据			
	2.利用摄像头技术,测试车辆的最远探测距离和纵向、横向距离			
	3.分别对线控底盘的转向、制动和驱动功能进行测试			
4.实训评价	1.根据试验内容选择评价指标			
	2.根据试验内容选择评价实施方法			
	3.对整个实训内容进行评价总结分析			
小组互评 第___组	组员学号			
	组员姓名			
	互评分			
教师考核				

思考与练习

一、填空题

1. 智能网联汽车的感知系统主要通过_____、_____、_____、_____和激光雷达实现对环境中的行人、机动车辆以及非机动车辆等目标物的检测。

2. 车载激光雷达主要由_____、_____、_____三部分组成。

3. 毫米波雷达的返回信息中包含了_____的许多运动参数,因此主要用于汽车防撞预警系统。

4. 智能网联技术应用架构根据智能网联数据的采集、传输、应用和销毁等全生命周期的过程特点,自下而上依次分为_____、_____、_____和_____。

5. 转向系统的效率指的是转向器的_____与_____之比。

二、选择题

1. 激光雷达数据输出采用(　　)传输数据,输出点云数据包和 GPS 数据包。
   A. UDP　　　　　　B. UTC　　　　　　C. GPS　　　　　　D. NRB

2. (　　)是存储车载信息娱乐系统(IVI)数据的最常用方式。
   A. AV 平台　　　　　　　　　　　　B. 嵌入式多媒体卡(eMMC)存储
   C. 信息娱乐　　　　　　　　　　　　D. 操作系统和应用程序

3. EPS 通过执行( )的转向控制量来实现车辆的自动转向控制。
   A. 感知层　　　　　B. 应用层　　　　　C. 执行层　　　　　D. 决策层
4. 网络传输数据的( )将成为数据传输方式和内容的决定性因素。
   A. 数据量　　　　　B. 信息量　　　　　C. 成本　　　　　　D. 速度
5. 智能网联数据的采集包括( )。
   A. 智能网联车辆在运行过程中的采集、路侧设施采集和高精度地图制图时的采集
   B. 智能网联车辆在运行过程中的采集
   C. 路侧设施采集
   D. 高精度地图制图时的采集

三、简答题

1. 简述 AEBS 控制算法的制定方法。
2. 智能网联汽车的转向控制流程是什么？
3. 简述自动驾驶汽车的规划决策技术。
4. 简述平台层数据的几种安全防护技术。

模块六　智能网联汽车常用数据标准协议

学习目标

▶ **知识目标**

1. 熟悉 J1939 数据协议；
2. 熟悉《汽车行驶记录仪》（GB/T 19056—2021）；
3. 熟悉《电动汽车远程服务与管理系统技术规范》（GB/T 32960—2016）；
4. 理解《道路运输车辆卫星定位系统　视频通讯协议》（JT/T 1078—2016）；
5. 了解 V2X 技术，掌握系统数据通信协议的交互数据集。

▶ **技能目标**

熟练运用上位机完成相关数据的读取，能够查阅车辆通信相关标准（数据协议），对数据进行分析，清楚数据定义、格式及含义。

▶ **素养目标**

1. 通过教学活动，培养学生爱党报国、敬业奉献、服务人民的思想意识；
2. 通过教学活动，培养学生掌握相关数据协议的标准，按照标准进行相关通信的能力，不断增强规矩意识；
3. 通过实践活动，培养学生将自然科学、工程基础和专业知识用于解决复杂工程问题的能力，不断提出真正解决问题的新理念、新思路、新办法；
4. 通过技能训练，培养学生团结协作、安全生产、规范操作的职业素养，弘扬劳动精神、奋斗精神、奉献精神。

一　J1939 数据协议

SAE J1939（以下简称 J1939）是美国汽车工程协会（SAE）的推荐标准，为道路车辆上电子部件间的通信提供标准的体系结构。

在许多方面，J1939 标准类似于旧版 J1708 和 J1587 标准，但 J1939 标准协议是建立在 CAN（控制器区域网络，ISO 11898）上。SAE J1939 协议并不仅仅是个应用层协议，它描述了车辆现场总线的一种网络应用，包括 CAN 网络物理层定义、数据链路层定义、应用层定义、网络层定义、故障诊断和网络管理。在 SAE J1939 协议中，不仅仅指定了传输类型、报文结构及其分段、流量检查等，而且对报文内容本身也做了精确的定义，这其中很多规定都跟 CAN 总线协议一致。

1. J1939 的协议数据单元

CAN 报文中有 11 位标志符的标准帧，也有 29 位标志符的扩展帧。J1939 协议是基于 CAN 总线的协议，所有 J1939 报文都是使用 29 位标志符，数据域则跟 CAN 报文的数据没有区别。

29 位标志符加上最多 8 个字节的数据域，构成了 J1939 的协议数据单元（Protocol Data Unit，PDU），如图 6-1 所示。J1939 对这 29 位标志符进行了重新分类和解释，其中前 3 位表示优先级位（Priority，P），之后是扩展数据页位（Extended Data Page，EDP）、数据页位（Data Page，DP）、PDU 格式位（PDU Format，PF）、PDU 特定域位（PDU Specific，PS）、源地址位（Source Address，SA）以及数据域（Data Filed）。

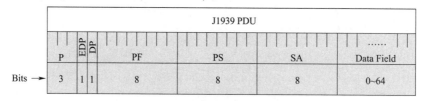

图 6-1 协议数据单元（PDU）格式

PDU-协议数据单元；P-优先级位；EDP-扩展数据页位；DP-数据页位；PF-特定域位；SA-源地址位；Data Filed-数据域

下面分别对协议数据单元的几个部分做简单介绍。

（1）优先级。

根据 CAN2.0B 的仲裁机制，ID 越小优先级越高，按照 J1939 协议的划分，优先级在整个 ID 的最前面，实际上依然控制着 ID 大小，即 CAN 报文的优先级。只不过在 J1939 协议中优先级仅仅用于优化发送数据时的报文延迟，接收报文时则完全忽略优先级。J1939 中的优先级可以从最高优先级的 0 到最低优先级 7。默认情况下控制类报文的优先级为 3，其他报文的优先级为 6。当分配新的 PGN 或总线上流量改变时，允许提高或者降低优先级。

（2）扩展数据页。

扩展数据页联合数据页可以决定 CAN 报文帧中 CAN ID 的结构，目前为保留位，均设置为 0。

（3）数据页。

数据页用于联合扩展数据页来决定 CAN ID 结构。如表 6-1 所示，当 EDP 为 0 时，DP 为 0 或者 1 分别表示第 0 页或者第 1 页 PGN。

（4）PDU 格式。

PF 用来确定 PDU 的格式，两种格式计算得到 PGN（参数组编号）的方式不同。

（5）PDU 特定域。

PS 的定义取决于 PF，如表 6-2 所示，它可能表示目标地址（Destination Address，DA），可能表示组扩展（Group Extension，GE），如果 PF<0xF0 则表示为 DA，否则表示为 GE。

模块六 智能网联汽车常用数据标准协议

EDP 联合 DP 决定 CAN ID 的结构　　　　　表 6-1

扩展数据页面25 位	数据页面24 位	描述
0	0	SAE J1939 page 0 PGNs
0	1	SAE J1939 page 1 PGNs
1	0	SAE J1939 reserved
1	1	ISO 15765-3 defined

PDU 特定域的定义　　　　　表 6-2

PDU 格式	PDU 格式字段	PDU 特定字段
PDU1 格式	0~239	目的地址
PDU2 格式	240~255	群扩展

(6)目标地址。

DA 是报文的目标地址,除目标地址的设备外,其他设备应该忽略此报文。如果目标地址为 0xFF,则表示为全局地址,此时所有设备都应该监听此报文并在收到报文后作出响应。

J1939 的协议数据单元与 CAN 报文帧相比要少一部分,例如 SOF、SRR、IDE 等,这是因为这部分完全由 CAN 2.0B 控制,J1939 并未对这部分做任何修改。

如图 6-2 所示,J1939 重新划分了 29 位的 CAN ID,中间 18 位共同组成了参数组编号(Parameter Group Number,PGN)。在 CAN 报文中,根据 CAN ID 来区分不同报文;在 J1939 中,根据 PGN 来区分不同的报文。J1939—71 中对不同的 PGN 做了一系列详细的规定,不同的 PGN 来表示不同的数据或者功能。J1939—71 对 PGN 的规定非常详细,对于用户来说,应熟悉常用的一些 PGN,具体需要某些功能时去查询。

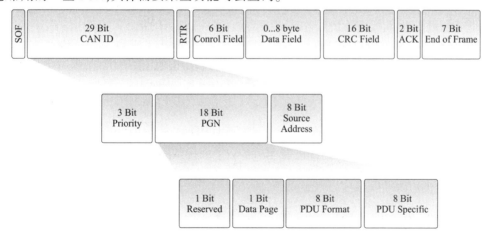

图 6-2　J1939 与 CAN 报文帧的对比

J1939 是以 PGN 为中心,通过不同的 PGN 来区分不同的类型,例如有些 PGN 传输控制命令,有些 PGN 传输数据,有些 PGN 传输请求,有些 PGN 传输响应等。在使用 CAN 传输数据时,CAN 协议往往是自定义的,而 J1939—71 中对不同的 PGN 做了详细的规定,相当于已经做了协议,当然实际情况中也可以自定义 PGN。

2. PGN 计算方法

PGN 的计算方法相对简单，用下面的算法即可：

```
if( PF < 0xF0 ){
    PGN = ( DP << 9 ) + ( PF << 8 );
}
else{
    PGN = ( DP << 9 ) + ( PF << 8 ) + PS;
}
```

对于 PF<0xF0 的情况，PGN 数目应该等于 $2 \times 0xF0 = 480$，对于 PF≥0xF0 的情况，PGN 数目应等于 $2 \times 16 \times 256 = 8192$，所以两种情况下 PGN 总数应为 $480 + 8192 = 8672$。

3. 多帧传输机制

当传输的数据大于 8 个字节时，无法通过一帧 CAN 报文来装载，此时就需要使用多帧传输。J1939 多帧传输的规则很简单，就是把数据域的第一个字节拿出来当作编号，这样原来每帧 CAN 报文最多可传输 8 个字节内容，现在被编号占用了 1 个字节，只能传输 7 个字节。由于编号范围为 1~255，所以多帧传输的最大数据长度是 $255 \times 7 = 1785$ 个。最后一帧报文实际需要传输的内容可能不足 7 字节，例如一共要传输 9 个字节，第一帧 CAN 报文传输了 7 个字节，第二帧 CAN 报文只能传输 2 个字节，这样加上 1 个编号字节，还剩 5 个字节，这 5 个字节要全部设置为 0xFF。发送数据时，按照编号把数据拆装成多帧报文，接收数据时，则按照编号重新组装成完整的数据。

4. 可疑参数编号（Suspect Parameter Number，SPN）

SPN 是指数据域中的某个参数，J1939—71 不仅对 PGN 做了详细的规定，对 SPN 也做了详细的规定，并对每个参数做了编号。

如图 6-3 所示，以 J1939—71 中 PGN65213 为例，PGN65213 只用了 4 个字节，其中第 1 个参数 Estimated Percent Fan Speed 占用 1 个字节，起始位为第 1 个字节，SPN 为 975；第 2 个参数 Fan Drive State 占用了第 2 个字节的前 4 位，SPN 为 977；第 3 个参数 Fan Speed 占用 2 个字节，SPN 为 1639。目前我们只知道这三个参数每个参数存储的位置、长度，但是并不知道每个参数的分辨率、偏移量、范围等信息，要知道具体每个参数的详细规定，就需要查看具体 SPN 的规定。三个 SPN 的规定都能在 J1939—71 中找到。

```
PGN 65213        风扇驱动器-FD
数据长度：       8
起始位置         长度参数              名称                SPN
1                1字节                 估计百分比风扇转速    975
2.1              4位                   风扇驱动器状态       977
3-4              2字节                 风扇速度             1639
```

Byte 1								Byte 2								Byte 3								Byte 4							
8	7	6	5	4	3	2	1	8	7	6	5	4	3	2	1	8	7	6	5	4	3	2	1	8	7	6	5	4	3	2	1
SPN 975								1	1	1	1	SPN 977				SPN 1639															

Byte 5								Byte 6								Byte 7								Byte 8							
8	7	6	5	4	3	2	1	8	7	6	5	4	3	2	1	8	7	6	5	4	3	2	1	8	7	6	5	4	3	2	1
1	1	1	1	1	1	1	1	1	1	1	1	1	1	1	1	1	1	1	1	1	1	1	1	1	1	1	1	1	1	1	1

图 6-3 PGN65213

根据图 6-4 所示 SPN975 的内容,如果风扇估计的百分比转速为 40%,由于分辨率为 0.4%/bit,偏移量为 0,则这个字节的数值应为 40%/0.4% = 100 = 0x64。

spn975-风扇转速估计百分比-风扇转速估计为风扇驱动(当前转速)与风扇驱动满负荷工作(最大转速)之比。双状态风扇(开/关)分别使用 0% 和 100%。三状态风扇(关闭/中间/打开)将分别使用 0%、50% 和 100%。变速风扇的利用率为 0% ~ 100%。多个风扇系统将使用 0 ~ 100% 来表示所提供的冷却能力的百分比。注意,三状态风扇的中间风扇转速会随着不同的风扇驱动器而变化,因此使用 50% 来表示需要风扇驱动器的中间转速。

数据长度: 1 字节
分辨率: 0.4%/位,偏移量为 0
数据范围: 0 ~ 100%
类型: 状态
可疑参数号: 975
参数组号: [65213]

图 6-4　SPN975

根据图 6-5 所示 SPN977 的内容,如果风扇当前因油温过高而运转,则风扇驱动状态为 3。

spn977-风扇驱动状态-该参数表示风扇驱动的当前状态或工作模式。

0000 风扇关闭

0001 发动机系统总则

0010 发动机空气温度过高 0011 发动机机油温度过高

0100 发动机冷却液温度过高 0101 变速器油温度过高 0110 液压油温度过高 0111 默认操作 1000 未定义 1001 手动控制

　　1010 传输缓速器 1011 A/C 系统 1100 定时器

　　1101 发动机制动 1110 其他

　　1111 不可用

风扇 off 0000b'用于表示风扇离合器脱离,风扇处于非活动状态

发动机系统"通用 0001b"用于表示由于发动机系统未另行定义而使风扇处于活动状态。发动机空气温度过高 0010b'用于表示由于空气温度过高导致风扇工作。发动机油温度过高 0011b'用于表示由于机油温度过高导致风扇活动。

发动机冷却液温度过高 0100b'表示冷却液温度过高,导致风扇工作。手动控制 1001b'用于指示风机按操作人员的要求处于活动状态。

传动缓速器 1010b'用于表示风扇按照传动缓速器的要求处于活动状态。A/C 系统 1011b'用于标识空调系统要求的风扇是否开启。定时器 1100b'按照定时功能要求,表示风扇处于活动状态。

发动机制动 1101b 用于指示风扇在辅助发动机制动所需时处于活动状态。

变速器油温度过高-0101b-用于指示变速器油温度过高导致风扇活动。液压油温度过高-0110b-用于指示由于液压油温度过高而导致风扇活动。默认操作-0111b-由于错误情况导致默认操作,风扇处于激活状态

位长度: 4 比特
类型: 状态
可疑参数编号: 977
参数组号: [65213]

图 6-5　SPN977

根据图 6-6 所示 SPN1639 的内容,如果风扇当前转速为 1500r/min,由于分辨率为 0.125r/(min·bit),偏移量为 0,则这两个字节的数值应为:1500/0.125 = 12000 = 0x2EE0。

spn1639-风扇转速-与发动机冷却液系统相关的风扇转速。

数据长度：	2 字节
分辨率：	0.125 转/位,0 偏移
数据范围：	0～8031.875rpm
类型：	测量
可疑参数号：	1639
参数组号：	[65213]

图 6-6　SPN1639

在上面假设都成立的情况下,进一步假设 ECU 地址为 0x9C,优先级为默认值 6,且此 ECU 需要往 VCU 发送 PGN65213(0xFEBD),PGN65213 在 J1939—71 中的详细描述如图 6-7 所示。

pgn65213-风扇驱动器-FD-

传输重复频率：	1 秒
数据长度：	8 字节
数据页：	0
PDU 格式：	254
PDu Specific：	189
缺省优先级：	6
参数组号：	65213(00FEBD$_{16}$)

位起始位置/字节	长度	spn 描述	spn 号
1	1 字节	估计百分比风扇转速	975
2.1	4 位	风扇驱动器状态	977
3-4	2 字节	风扇速度	1639

该参数组传递发动机冷却液风扇的状态和测量信息。

图 6-7　PGN65213 的详细描述

根据定义,EDP = 0,DP = 0,PF = 0xFE,PS = 0xBD,由于 ECU 地址为 0x9C,则 CAN 报文 ID 为 0x18FEBD9C,数据域 Byte1 = 0x64,Byte2 = 0xF3,Byte3 = 0xE0,Byte4 = 0x2E,Byte5 = Byte6 = Byte7 = Byte8 = 0xFF。

5. ESR 雷达针脚及数据接口

用于探测障碍物的 ESR 雷达是高频电子扫描雷达,发射波段为 76～77GHz,同时具有中距离(Middle Range)和远距离(Long Range)的扫描能力,体积大小为:130mm × 90mm × 39mm(宽×高×厚)。

ESR 雷达的针脚排布如图 6-8 所示。

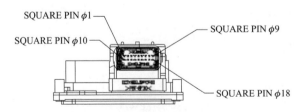

图 6-8　ESR 雷达针脚图

1-电源(常火);9-PCANL(专用 CAN 接口);10-点火开关控制的电源;18-PCANH(专用 CAN 接口)

针脚 7 和针脚 8 是连接在车辆总线上,针脚 7 是 CAN 低线,针脚 8 是 CAN 高线。ESR 雷达通过车辆总线获得所需要的车速、横摆角速度、转向盘转角等信号。ESR 雷达检测到的目标信息如距离、相对速度等,通过针脚 9(CAN 低线)、针脚 18(CAN 高线)获得。

在如今的汽车电子中,传感器各种信号根据其信号长度与编码类型,打包成 CAN 报文发送到控制器,则控制器需要作出解析。表 6-3 为 ESR 雷达的 CAN 数据接口。

ESR 雷达的 CAN 数据接口 表 6-3

帧 ID	报文	开始位	长度	说明	表示数值范围	单位
4E0	CAN_TX_SCAN_INDEX	32	16	Scan Index	0~65535	—
4E3	CAN_TX_PATH_ID_ACC	8	8	In-path ACC target ID(moving or moveable)(Only 0 through 64 used but full byte used for simplified packing)	0~255	—
4E3	CAN_TX_PATH_ID_CMBB_MOVE	16	8	In-path moving CMbB target ID(Only 0 through 64 used but full byte used for simplified packing)	0~255	—
4E3	CAN_TX_PATH_ID_CMBB_STAT	24	8	In-path stationary CMbB target ID(Only 0 through 64 used but full byte used for simplified packing)	0~255	—
4E3	CAN_TX_PATH_ID_FCW_MOVE	32	8	In-path moving FCW target ID(Only 0 through 64 used but full byte used for simplified packing)	0~255	—
4E3	CAN_TX_PATH_ID_FCW_STAT	40	8	In-path stationary FCW target ID(Only 0 through 64 used but full byte used for simplified packing)	0~255	—
4E3	CAN_TX_PATH_ID_ACC_STAT	56	8	In-path ACC target ID(stationary or oncoming)(Only 0 through 64 used but full byte used for simplified packing)	0~255	—
500-53F	CAN_TX_TRACK_STATUS	13	3	Measurement Status 0 = no target;1 = new target;2 = Reserved;3 = updated target;4 = coasted target;5 = Reserved;6 = invalid coasted target;7 = Reserved	0~7	—
500-53F	CAN_TX_TRACK_ANGLE	19	10	Azimuth 0 = toward front of vehicle parallel to vehicle centerline(+) = clockwise set at 51.1, if >51.1;set at -51.2,if < -51.2	-51.2~51.1	(°)
500-53F	CAN_TX_TRACK_RANGE	24	11	Range(+) = away from sensor set at 204.7, if >204.7	0~204.7	m
500-53F	CAN_TX_TRACK_RANGE_RATE	56	14	Range Rate(+) = away from sensor set at 81.91,if > 81.91;set at -81.92,if < -81.92	-81.92~81.91	m/s

一帧 CAN 报文里可存放许多信号,且采用大端模式(高位比特/字节存放在低地址,低位比特/字节存放在高地址)存储。以标识符为 500-53F 的报文为例,其存储的信号为 CAN_TX_TRACK_ANGLE、CAN_TX_TRACK_RANGE。

CAN_TX_TRACK_RANGE_RATE 在报文中位置如图 6-9 所示。

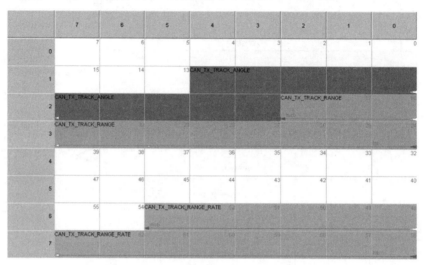

图 6-9　信号在报文中的分布

二 《汽车行驶记录仪》(GB/T 19056—2021)

汽车行驶记录仪的使用,对遏止疲劳驾驶、车辆超速等交通违法行为,保障车辆行驶安全,以及对道路交通事故的分析鉴定具有重要的作用。欧盟、日本等国家和地区早在 20 世纪 70 年代就开始以立法形式在部分客运车辆及货车上强制安装使用汽车行驶记录仪。国内外的使用情况表明,汽车行驶记录仪为国家行政管理部门提供了有效的执法工具、为道路运输企业提供了管理工具、为驾驶员提供了其驾驶活动的反馈信息,其使用对保障道路交通安全起到了直接作用。

我国自 20 世纪 80 年代后期开始研制使用汽车行驶记录仪,2003 年 9 月 1 日,我国开始实施推荐性国家标准《汽车行驶记录仪》(GB/T 19056—2003);2004 年 7 月起,汽车行驶记录仪开始在全国营运客车等车辆上逐步应用;目前,智能网联汽车基本都安装了汽车行驶记录仪或类似功能的部件。

1. 汽车行驶记录仪的数据通信功能要求

(1) 数据通信接口。

汽车行驶记录仪应至少同时配置 RS232 串行接口、USB(通用串行总线)接口、驾驶员身份识别接口、定位通信天线接口。RS232 串行接口、USB 接口和驾驶员身份识别接口应位于主机前部。各通信接口间应不能互换,在非使用状态下应配置有效的保护装置。

(2) RS232 串行通信。

RS232 串行接口应为 DB9 孔式、交叉通信接口。汽车行驶记录仪正常工作时,在无按键或其他外部设备触发的情况下,RS232 串行接口应能自动识别数据通信协议所定义的通信命令。

(3) USB(通用串行总线)通信。

USB 接口连接件应为 USB A 型。USB 接口应支持 USB2.0 标准的主机模式(Host),汽车行驶记录仪应能通过 USB 接口向 USB 存储设备写入数据记录文件。

(4) 驾驶员身份识别通信。

汽车行驶记录仪应能通过集成电路卡(IC 卡)实现驾驶员身份记录功能。驾驶员应在驾驶前、驾驶后通过 IC 卡方式进行身份登录和退出,登录和退出应在行驶结束状态下进行。

驾驶员身份识别卡可采用接触式或非接触式 IC 卡,IC 卡应能记录机动车驾驶证号码等驾驶员信息。采用接触式 IC 卡的应满足以下条件:物理特性应符合《识别卡 带触点的集成电路卡 第 1 部分:物理特性》(GB/T 16649.1—2006)的要求,触点的尺寸和位置应符合《识别卡 带触点的集成电路卡 触点的尺寸和位置》(GB/T 16649.2—2006)的要求。汽车行驶记录仪主机前部应设有匹配 IC 卡的读卡装置,读卡装置应设有防尘保护装置,并至少能读取 24C0X 系列和 4442 系列 IC 卡的数据。

2. 汽车行驶记录仪的 RS232 串行数据通信规定

汽车行驶记录仪 RS232 接口的数据传输采用异步串行方式,通信速率为 115200b/s,以字节为单位,含有 1 个起始位,8 个数据位,1 个停止位、奇校验。

汽车行驶记录仪 RS232 数据通信应遵循以下传输约定。

(1) 本协议中的数据采用十六进制编码、8421BCD 码、ASCⅡ字符码及 GB 2312 字符集(采用 EUC-CN 表示方法);

(2) 通信机(计算机或数据采集仪)与记录仪的通信由通信机发起,通信机发送一个命令数据帧(以下简称命令帧),记录仪对应返回约定的应答数据帧(以下简称应答帧);

(3) 命令帧有两类:第一类为采集数据命令帧,第二类为设置参数命令帧;

(4) 应答帧的数据块长度应不大于 1000 个字节,较大数据块的采集通过多次发送命令帧来实现。

1) 命令帧数据格式

命令帧由通信机发送给记录仪,数据格式见表 6-4,包括 2 个字节的起始字头,1 个字节的命令字,2 个字节的数据块长度,1 个字节的保留(备用)字,若干字节的数据块及 1 个字节的校验字。

命令帧数据格式　　　　　　　表 6-4

名称	数据格式及范围	说明
起始字头	AAH	数据帧标识位
起始字头	75H	数据帧标识位
命令字	00 ~ FFH	—
数据块长度	00 ~ FFH(高字节)	可表示数据长度为 0 ~ 64k。数据块长度为 0,表示本帧数据块或参数为空
数据块长度	00 ~ FFH(低字节)	

续上表

名称	数据格式及范围	说明
保留字	—	默认为00H
数据块	命令字对应的数据或参数	与命令字相关的参数或数据,数据长度由数据块长度决定
校验字	00~FFH	校验字节之前的所有字节的异或值

2)应答帧数据格式

(1)接收正确时的应答帧数据格式。

当记录仪接收到正确的命令帧时,回复的应答帧数据格式见表6-5。

接收正确时应答帧数据格式   表6-5

名称	数据格式及范围	说明
起始字头	55H	数据帧标识位
起始字头	7AH	数据帧标识位
命令字	00~FFH	与命令帧的命令字相同
数据块长度	00~FFH(高字节)	可表示数据长度为0~64k。数据块长度为0,表示本帧数据块数据或参数为空
数据块长度	00~FFH(低字节)	
保留字	—	默认为00H
数据块	命令字对应的数据或参数	数据长度由数据块长度决定
校验字	00~FFH	校验字节之前的所有字节的异或值

(2)接收错误时的应答帧数据格式。

采集数据命令帧接收出错时,汽车行驶记录仪的应答帧格式见表6-6;设置参数命令帧接收出错时,记录仪的应答帧数据格式见表6-7。

采集数据命令帧接收出错时应答帧格式   表6-6

应答帧格式
起始字头(55H)
起始字头(7AH)
出错标志字(FAH)
保留(备用)字
校验字节(异或值)

设置参数命令帧接收出错时应答帧格式   表6-7

应答帧格式
起始字头(55H)
起始字头(7AH)
出错标志字(FBH)
保留(备用)字
校验字节(异或值)

3. 汽车行驶记录仪的驾驶员身份识别IC卡数据存储格式

（1）数据存储约定。

数据分别采用十六进制编码、8421BCD码、ASCⅡ字符码。校验的作用范围为校验字节之前的所有字节，其值为这些字节的异或结果。IC卡存储空间应不小于128个字节。

（2）存储格式。

IC卡数据存储格式应符合表6-8要求。

IC卡信息存储格式定义　　　　　　　　　　　　表6-8

逻辑地址	数据范围及格式	数据内容	说明
0~31	—	预留	32个字节，芯片厂商固化信息或用户自定义信息
32~49	ASCⅡ码	机动车驾驶证号码	18个字节，机动车驾驶证号码为15位时后3位以00H补齐。驾驶员身份未知时以00H补齐
50	00~99（BCD码）	驾驶证有效期（年）	3个字节，使用前写入
51	01~12（BCD码）	驾驶证有效期（月）	
52	01~31（BCD码）	驾驶证有效期（日）	
53~70	ASCⅡ码	从业资格证号	18个字节，不用时以00H补齐
71~126	—	标准扩展预留	56个字节，不用时以00H补齐
127	—	校验字	异或校验
…	……	……	……

三、《电动汽车远程服务与管理系统技术规范》（GB/T 32960—2016）

1. 通信连接

（1）连接建立。

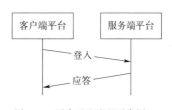

图6-10　平台登入流程示意图

客户端平台向服务端平台发起通信连接请求，当通信链路连接建立后，登入流程如图6-10所示，客户端平台应自动向服务端平台发送登入信息进行身份识别，服务端平台应对接收到的数据进行校验。校验正确时，服务端平台应返回成功应答；校验错误时，服务端平台应存储错误数据记录并通知客户端平台。

客户端平台应在接收到服务端平台的应答指令后完成本次登入传输；客户端平台在规定时间内未收到应答指令，应每间隔1min重新进行登入；若连续重复3次登入无应答，应间隔30min后，继续重新连接，并把连接成功前存储的未成功发送的数据重新上报，重复登入间隔时间可以设置。

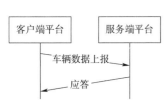

图6-11　信息上报流程示意图

（2）信息传输。

客户端平台登入成功后，应向服务端平台上报电动汽车的实时信息，实时信息上报流程如图6-11所示。

当客户端平台向服务端平台上报信息时，服务端平台应对接收到的数据进行校验。当校验正确时，服务端平台做正确应答;当校验错误时,服务端平台做错误应答。服务端平台的应答信息错误时,客户端应重发车辆的本条实时信息,应每间隔1min重新发送1次,失败3次后不再发送。

客户端平台向服务端平台上报信息时,应根据实际情况,对驱动电机数据、整车数据、燃料电池数据、发动机数据、车辆位置数据、极值数据、报警数据等进行拼装后上报。平台交换数据和用户自定义数据存在时,还应完成平台交换数据和用户自定义数据的上报。

客户端平台向服务端平台上报信息的时间周期应可调整。车辆信息上报的时间周期最大应不超过30s;当车辆出现3级报警时,应上报故障发生时间点前后30s的数据且信息采样周期不大于1s,其中故障发生前数据应以补发的形式进行传输。

当终端发送数据为加密状态时,客户端平台应先进行数据解密,并重新加密后发送至服务端平台。若平台间传输无加密需求,则无须重新加密。

统计信息应以FTP、HTTP或HTTPS方式传输到服务端平台。

(3)连接断开。

①当TCP(传输控制协议)连接中断时,服务端平台断开与客户端平台的会话连接。

②当TCP连接中断或TCP连接正常但达到重新发送次数后仍未收到应答时,客户端平台断开与服务端平台的会话连接。

(4)补发机制。

当数据通信链路异常时,客户端平台应将实时上报数据进行本地存储。在数据通信链路恢复正常后,在发送实时上报数据的空闲时间完成补发存储的上报数据。补发的上报数据应为7日内通信链路异常期间存储的数据,数据格式与实时上报数据相同,并标识为补发信息上报(0x03)。

2. 数据包结构和定义

(1)数据类型。

协议中传输的数据类型见表6-9。

数据类型　　　　　　　　　　　　　　　　　　　　　　　　　　表6-9

数据类型	描述及要求
BYTE	无符号单字节整型(字节,8位)
WORD	无符号双字节整型(字,16位)
DWORD	无符号四字节整型(双字,32位)
BYTE[n]	n字节
STRING	ASCⅡ字符码,若无数据则放一个0终结符,编码表示见《信息技术　信息交换用七位编码字符集》(GB/T 1988—1998)所述;含汉字时,采用区位码编码,占用2个字节,编码表示可见《信息技术　中文编码字符集》(GB 18030—2022)所述

(2)传输规则。

协议应采用大端模式的网络字节序来传递字和双字。

一个完整的数据包应由起始符、命令单元、识别码、数据加密方式、数据单元长度、数据单元和校验码组成,数据包结构和定义见表6-10。

数据包结构和定义 表6-10

起始字节	定义		数据类型	描述及要求
0	起始符		STRING	固定为ASCⅡ字符'##',用"0x23,0x23"表示
2	命令单元	命令标识	BYTE	命令单元定义见表6-11
3		应答标志	BYTE	
4	唯一识别码		STRING	当传输车辆数据时,应使用车辆VIN,其字码应符合《道路车辆 车辆识别代号(VIN)》(GB 16735—2019)的规定。如传输其他数据,则使用唯一自定义编码
21	数据单元加密方式		BYTE	0x01:数据不加密; 0x02:数据经过RSA算法加密; 0x03:数据经过AES128位算法加密; 0xFE:异常; 0xFF:无效,其他预留
22	数据单元长度		WORD	数据单元长度是数据单元的总字节数,有效值范围:0~65531
24	数据单元		—	数据单元格式和定义见本模块有关"数据单元格式和定义"的内容
倒数第1位	校验码		BYTE	采用BCC(异或校验)法,校验范围从命令单元的第一个字节开始,同后一字节异或,直到校验码前一字节为止,校验码占用一个字节,当数据单元存在加密时,应先加密后校验,先校验后解密

(3)命令单元。

①命令标识。

命令标识应是发起方的唯一标识,命令标识定义见表6-11。

命令标识定义 表6-11

编码	定义	方向
0x01	车辆登入	上行
0x02	实时信息上报	上行
0x03	补发信息上报	上行
0x04	车辆登出	上行
0x05	平台登入	上行
0x06	平台登出	上行
0x07~0x08	终端数据预留	上行
0x09~0x7F	上行数据系统预留	上行
0x80~0x82	终端数据预留	下行
0x83~0xBF	下行数据系统预留	下行
0xC0~0xFE	平台交换自定义数据	自定义

②应答标志。

命令的主动发起方应答标志为0xFE,表示此包为命令包;当应答标志不是0xFE时,被动接收方应不应答。当命令的被动接收方应答标志不是0xFE时,此包表示为应答包。当服务端发送应答时,应变更应答标志,保留报文时间,删除其余报文内容,并重新计算校验位,应答标志定义见表6-12。

应答标志定义 表6-12

编码	定义	说明
0x01	成功	接收到的信息正确
0x02	错误	设置未成功
0x03	VIN重复	VIN重复错误
0xFE	命令	表示数据包为命令包,而非应答包

时间均应采用北京时间,时间定义见表6-13。

时间定义 表6-13

数据表示内容	长度/字节	数据类型	有效值范围
年	1	BYTE	0~99
月	1	BYTE	1~12
日	1	BYTE	1~31
[小]时	1	BYTE	0~23
分	1	BYTE	0~59
秒	1	BYTE	0~59

3. 数据单元格式和定义

(1) 车辆登入。

车辆登入数据格式和定义见表6-14。

车辆登入数据格式和定义 表6-14

数据表示内容	长度/字节	数据类型	描述及要求
数据采集时间	6	BYTE[6]	时间定义见表6-13
登入流水号	2	WORD	车载终端每登入一次,登入流水号自动加1,从1开始循环累加,最大值为65531,循环周期为天
ICCID	20	STRING	SIM卡ICCID号(ICCID应为终端从SIM卡获取的值,不应人为填写或修改)
可充电储能子系统数	1	BYTE	可充电储能子系统数n,有效值范围:0~250
可充电储能系统编码长度	1	BYTE	可充电储能系统编码长度m,有效范围:0~50,"0"表示不上传该编码
可充电储能系统编码	$n×m$	STRING	可充电储能系统编码宜为终端从车辆获取的值

注:可充电储能子系统指当车辆存在多套可充电储能系统混合使用时,每套可充电储能系统为一个可充电储能子系统。

(2)实时信息上报。

①实时信息上报格式。

实时信息上报数据格式和定义见表6-15。

实时信息上报数据格式和定义　　　　　　　　　　　　　　　　表6-15

数据表示内容	长度/字节	数据类型	描述及要求
数据采集时间	6	BYTE[6]	时间定义见表6-13
信息类型标志(1)	1	BYTE	信息类型标志定义见表6-16
信息体(1)	—	—	根据信息类型不同,长度和数据类型不同
……			……
信息类型标志(n)	1	BYTE	信息类型标志定义见表6-16
信息体(n)	—	—	根据信息类型不同,长度和数据类型不同

②信息类型标志。

信息类型标志定义见表6-16。

信息类型标志定义　　　　　　　　　　　　　　　　表6-16

类型编码	说明	备注
0x01	整车数据	详见③
0x02	驱动电机数据	详见④,停车充电过程无须传输该数据
0x03	燃料电池数据	—
0x04	发动机数据	详见⑤,停车充电过程无须传输该数据
0x05	车辆位置数据	详见⑥
0x06	极值数据	详见⑦
0x07	报警数据	详见⑧
0x08～0x09	终端数据预留	—
0x0A～0x2F	平台交换协议自定义数据	—
0x30～0x7F	预留	—
0x80～0xFE	用户自定义	详见⑨

③整车数据。

整车数据格式和定义见表6-17。

整车数据格式和定义　　　　　　　　　　　　　　　　表6-17

数据表示内容	长度/字节	数据类型	描述及要求
车辆状态	1	BYTE	0x01:车辆起动状态; 0x02:熄火; 0x03:其他状态; 0xFE:异常; 0xFF:无效

续上表

数据表示内容	长度/字节	数据类型	描述及要求
充电状态	1	BYTE	0x01:停车充电; 0x02:行驶充电; 0x03:未充电状态; 0x04:充电完成; 0xFE:异常; 0xFF:无效
运行模式	1	BYTE	0x01:纯电; 0x02:混动; 0x03:燃油; 0xFE:异常; 0xFF:无效
车速	2	WORD	有效值范围:0~2200(表示0~220km/h); 最小计量单元:0.1km/h; "0xFF,0xFE":异常; "0xFF,0xFF":无效
累计里程	4	DWORD	有效值范围:0~9999999(表示0~999999.9km); 最小计量单元:0.1km; "0xFF,0xFF,0xFF,0xFE":异常; "0xFF,0xFF,0xFF,0xFF":无效
总电压	2	WORD	有效值范围:0~10000(表示0~1000V); 最小计量单元:0.1V; "0xFF,0xFE":异常; "0xFF,0xFF":无效
总电流	2	WORD	有效值范围:0~20000(偏移量1000A,表示-1000~1000); 最小计量单元:0.1A; "0xFF,0xFE":异常; "0xFF,0xFF":无效
SOC	1	BYTE	有效值范围:0~100(表示0~100%); 最小计量单元:1%; 0xFE:异常; 0xFF:无效
DC-DC状态	1	BYTE	0x01:工作; 0x02:断开; 0xFE:异常; 0xFF:无效
挡位	1	BYTE	—

续上表

数据表示内容	长度/字节	数据类型	描述及要求
绝缘电阻	2	WORD	有效范围0~60000(表示0~60000kΩ); 最小计量单元:1kΩ
预留	2	WORD	预留位

④驱动电机数据。

驱动电机数据格式和定义见表6-18。

驱动电机数据格式和定义　　　　　　　　　　表6-18

数据表示内容	长度/字节	数据类型	描述及要求
驱动电机个数	1	BYTE	有效值1~253
驱动电机 总成信息列表	Σ每个驱动 电机总成 信息长度	—	按驱动电机序号依次排列
驱动电机序号	1	BYTE	驱动电机顺序号,有效值范围1~253
驱动电机状态	1	BYTE	0x01:耗电; 0x02:发电; 0x03:关闭状态; 0x04:准备状态; 0xFE:异常; 0xFF:无效
驱动电机 控制器温度	1	BYTE	有效值范围:0~250(数值偏移量40℃,表示-40~210℃); 最小计量单元:1℃; 0xFE:异常; 0xFF:无效
驱动电机转速	2	WORD	有效值范围:0~65531(数值偏移量20000,表示-20000~45531r/min); 最小计量单元:1r/min; "0xFF,0xFE":异常; "0xFF,0xFF":无效
驱动电机转矩	2	WORD	有效值范围:0~65531(数值偏移量20000,表示-2000~4553.1N·m); 最小计量单元:0.1N·m; "0xFF,0xFE":异常; "0xFF,0xFF":无效
驱动电机温度	1	BYTE	有效值范围:0~250(数值偏移量40℃,表示-40~210℃); 最小计量单元:1℃; 0xFE:异常; 0xFF:无效

续上表

数据表示内容	长度/字节	数据类型	描述及要求
电机控制器输入电压	2	WORD	有效值范围:0~60000(表示0~6000V); 最小计量单元:0.1V; "0xFF,0xFE":异常; "0xFF,0xFF":无效
电机控制器直流母线电流	2	WORD	有效值范围:0~20000(数值偏移量1000A,表示-1000~1000A); 最小计量单元:0.1A; "0xFF,0xFE":异常; "0xFF,0xFF":无效

⑤发动机数据。

发动机数据格式和定义见表6-19。

发动机部分数据格式和定义　　表6-19

数据表示内容	长度/字节	数据类型	描述及要求
发动机状态	1	BYTE	0x01:启动状态; 0x02:关闭状态; 0xFE:异常; 0xFF:无效
曲轴转速	2	WORD	有效范围:0~60000(表示0~60000r/min); 最小计量单元:1r/min; "0xFF,0xFE":异常; "0xFF,0xFF":无效
燃料消耗率	2	WORD	有效值范围:0~60000(表示0L/100km~600L/100km); 最小计量单元:0.01L/100km; "0xFF,0xFE":异常; "0xFF,0xFF":无效

⑥车辆位置数据。

车辆位置数据格式和定义见表6-20。

车辆位置数据格式和定义　　表6-20

数据表示内容	长度/字节	数据类型	描述及要求
定位状态	1	BYTE	状态位定义见表6-21
经度	4	DWORD	以度为单位的经度值 $\times 10^6$,精确到百万分之一度
纬度	4	DWORD	以度为单位的纬度值 $\times 10^6$,精确到百万分之一度

车辆定位状态的定义见表6-21。

状态位定义 表6-21

位	状态
0	0:有效定位; 1:无效定位(当数据通信正常,而不能获取定位信息时,发送最后一次有效定位信息,并将定位状态置为无效)
1	0:北纬; 1:南纬
2	0:东经; 1:西经
3~7	保留

⑦极值数据。

极值数据格式和定义见表6-22。

极值数据格式和定义 表6-22

数据表示内容	长度/字节	数据类型	描述及要求
最高电压 电池子系统号	1	BYTE	有效值范围:1~250; 0xFE:异常; 0xFF:无效
最高电压 电池单体代号	1	BYTE	有效值范围:1~250; 0xFE:异常; 0xFF:无效
电池单体 电压最高值	2	WORD	有效值范围:0~15000(表示0~15V); 最小计量单元:0.001V; "0xFF,0xFE":异常; "0xFF,0xFF":无效
最低电压 电池子系统号	1	BYTE	有效值范围:1~250; 0xFE:异常; 0xFF:无效
最低电压 电池单体代号	1	BYTE	有效值范围:1~250; 0xFE:异常; 0xFF:无效
电池单体 电压最低值	2	WORD	有效值范围:0~15000(表示0~15V); 最小计量单元:0.001V; "0xFF,0xFE":异常; "0xFF,0xFF":无效
最高温度 子系统号	1	BYTE	有效值范围:1~250; 0xFE:异常; 0xFF:无效

续上表

数据表示内容	长度/字节	数据类型	描述及要求
最高温度探针序号	1	BYTE	有效值范围:1~250; 0xFE:异常; 0xFF:无效
最高温度值	1	BYTE	有效值范围:0~250(数值偏移量40℃,表示-40~210℃); 最小计量单元:1℃; 0xFE:异常; 0xFF:无效
最低温度子系统号	1	BYTE	有效值范围:1~250; 0xFE:异常; 0xFF:无效
最低温度探针序号	1	BYTE	有效值范围:1~250; 0xFE:异常; 0xFF:无效
最低温度值	1	BYTE	有效值范围:0~250(数值偏移量40℃,表示-40~210℃); 最小计量单元:1℃; 0xFE:异常; 0xFF:无效

⑧报警数据。

报警数据格式和定义见表6-23。

报警数据格式和定义　　　　　　　　　　表6-23

数据表示内容	长度/字节	数据类型	描述及要求
最高报警等级	1	BYTE	为当前发生的故障中的最高等级值,有效值范围:0~3。"0"表示无故障;"1"表示1级故障,指代不影响车辆正常行驶的故障;"2"表示2级故障,指代影响车辆性能,需驾驶员限制行驶的故障;"3"表示3级故障,为最高级别故障,指代驾驶员应立即停车处理或请求救援的故障。具体等级对应的故障内容由厂商自行定义。"0xFE"表示异常,"0xFF"表示无效
通用报警标志	4	DWORD	通用报警标志位定义见表6-24
可充电储能装置故障总数 N_1	1	BYTE	N_1 个可充电储能装置故障,有效值范围:0~252,"0xFE"表示异常,"0xFF"表示无效
可充电储能装置故障代码列表	$4 \times N_1$	DWORD	扩展性数据,由厂商自行定义,可充电储能装置故障个数等于可充电储能装置故障总数 N_1
驱动电机故障总数 N_2	1	BYTE	N_2 个驱动电机故障,有效值范围:0~252,"0xFE"表示异常,"0xFF"表示无效

续上表

数据表示内容	长度/字节	数据类型	描述及要求
驱动电机故障代码列表	$4 \times N_2$	DWORD	厂商自行定义,驱动电机故障个数等于驱动电机故障总数 N_2
发动机故障总数 N_3	1	BYTE	N_3 个驱动电机故障,有效值范围:0~252,"0xFE"表示异常,"0xFF"表示无效
发动机故障列表	$4 \times N_3$	DWORD	厂商自行定义,发动机故障个数等于驱动电机故障总数 N_3
其他故障总数 N_4	1	BYTE	N_4 个其他故障,有效值范围:0~252,"0xFE"表示异常,"0xFF"表示无效
其他故障代码列表	$4 \times N_4$	DWORD	厂商自行定义,故障个数等于故障总数 N_4

通用报警标志定义见表6-24。

通用报警标志位定义 表6-24

位	定义	处理说明
0	1:温度差异报警; 0:正常	标志维持到报警条件解除
1	1:电池高温报警; 0:正常	标志维持到报警条件解除
2	1:车载储能装置类型过压报警; 0:正常	标志维持到报警条件解除
3	1:车载储能装置类型欠压报警; 0:正常	标志维持到报警条件解除
4	1:SOC 低报警; 0:正常	标志维持到报警条件解除
5	1:单体电池过压报警; 0:正常	标志维持到报警条件解除
6	1:单体电池欠压报警; 0:正常	标志维持到报警条件解除
7	1:SOC 过高报警; 0:正常	标志维持到报警条件解除
8	1:SOC 跳变报警; 0:正常	标志维持到报警条件解除
9	1:可充电储能系统不匹配报警; 0:正常	标志维持到报警条件解除
10	1:电池单体一致性差报警; 0:正常	标志维持到报警条件解除
11	1:绝缘报警; 0:正常	标志维持到报警条件解除

续上表

位	定义	处理说明
12	1:DC-DC 温度报警; 0:正常	标志维持到报警条件解除
13	1:制动系统报警; 0:正常	标志维持到报警条件解除
14	1:DC-DC 状态报警; 0:正常	标志维持到报警条件解除
15	1:驱动电机控制器温度报警; 0:正常	标志维持到报警条件解除
16	1:高压互锁状态报警; 0:正常	标志维持到报警条件解除
17	1:驱动电机温度报警; 0:正常	标志维持到报警条件解除
18	1:车载储能装置类型过充; 0:正常	标志维持到报警条件解除
19~31	预留	标志维持到报警条件解除

⑨自定义数据。

自定义数据格式和定义见表6-25。

自定义数据的格式和定义　　　　　表6-25

数据表示内容	长度/字节	数据类型	描述及要求
自定义数据长度	2	WORD	自定义数据长度n,有效范围:1~65531
自定义数据	1×N	BYTE[N]	扩展性数据,由用户自行定义

车辆登出的数据格式和定义见表6-26。

车辆登出数据格式和定义　　　　　表6-26

数据表示内容	长度/字节	数据类型	描述及要求
登出时间	6	BYTE[6]	时间定义见表6-13
登出流水号	2	WORD	登出流水号与当次登入流水号一致

平台登入数据格式和定义见表6-27。

平台登入数据格式和定义　　　　　表6-27

数据表示内容	长度/字节	数据类型	描述及要求
平台登入时间	6	BYTE[6]	时间定义见表6-13
登入流水号	2	WORD	下级平台每登入一次,登入流水号自动加1,从1开始循环累加,最大值为65531,循环周期为天
平台用户名	12	STRING	平台登入用户名
平台密码	20	STRING	平台登入密码

续上表

数据表示内容	长度/字节	数据类型	描述及要求
加密规则	1	BYTE	0x01:数据不加密； 0x02:数据经过 RSA 算法加密； 0x03:数据经过 AES128 位算法加密； 0xFE:异常； 0xFF:无效,其他预留

平台登出数据格式和定义见表6-28。

平台登出数据格式和定义　　　　　　　　　　　表 6-28

数据表示内容	长度/字节	数据类型	描述及要求
登出时间	6	BYTE[6]	时间定义见表6-13
登出流水号	2	WORD	登出流水号与当次登入流水号一致

四《道路运输车辆卫星定位系统　视频通讯协议》(JT/T 1078—2016)

《道路运输车辆卫星定位系统　视频通讯协议》(JT/T 1078—2016)包括道路运输车辆卫星定位系统中车载视频终端与视频平台间的协议基础和通信协议,音视频流服务器与客户端播放软件间的码流通信,以及视频平台间的通信协议基础、通信协议流程、常量定义及协议数据体格式。

该标准适用于道路运输车辆卫星定位系统车载视频终端与企业视频监控平台间传输音视频数据,以及不同视频平台之间交换和共享音视频资源。

1.视频终端与视频平台间通信协议

视频终端与视频平台间通信协议的消息对照见表6-29。

视频终端与视频平台间消息对照表　　　　　　　　　表 6-29

序号	消息体名称	消息 ID	序号	消息体名称	消息 ID
1	查询终端音视频属性	0x9003	12	文件上传指令	0x9206
2	终端上传音视频属性	0x1003	13	文件上传完成通知	0x1206
3	实时音视频传输请求	0x9101	14	文件上传控制	0x9207
4	终端上传乘客流量	0x1005	15	云台旋转	0x9301
5	音视频实时传输控制	0x9102	16	云台调整焦距控制	0x9302
6	实时音视频流及透传数据传输		17	云台调整光圈控制	0x9303
7	实时音视频传输状态通知	0x9105	18	云台刮水器控制	0x9304
8	查询资源列表	0x9205	19	红外补光控制	0x9305
9	终端上传音视频资源列表	0x1205	20	云台变倍控制	0x9306
10	平台下发远程录像回放请求	0x9201	21	平台手工唤醒请求(短消息)	WAKEUPXX
11	平台下发远程录像回放控制	0x9202			

JT/T 1078—2016继承使用了《道路运输车辆卫星定位系统终端通讯协议及数据格式》

（JT/T 808—2011）中除消息 ID 为 0x8804（录音开始命令）外的其他指令。JT/T 808—2011 中共有五条多媒体类型字段,包括 0x0800（多媒体事件消息上传）、0x0801（多媒体数据上传）、0x8802（存储多媒体数据检索）、0x0802（存储多媒体数据检索应答）、0x8803（存储多媒体数据上传）。在 JT/T 1078—2016 中对多媒体类型字段的设置和扩展定义有所增加。

（1）参数设置指令。

①终端音视频参数设置。

终端音视频参数设置消息采用 JT/T 808—2011 中 8.8 定义的 0x8103 消息,并增加以下音视频参数设置,见表 6-30。

音视频设置参数表　　　　　　　　　　　　　　　　　表 6-30

参数 ID	数据类型	描述及要求
0x0075		音视频参数设置,描述见表 6-31
0x0076		音视频通道列表设置,描述见表 6-32
0x0077		单独视频通道参数设置,描述见表 6-35
0x0079		特殊报警录像参数设置,描述见表 6-36
0x007A	DWORD	视频相关报警屏蔽字,和表 14 的视频报警标志位定义相对应,相应位为 1 则相应类型的报警被屏蔽
0x007B		视频分析报警参数设置,描述见表 6-37
0x007C		终端休眠唤醒模式设置,描述见表 6-38

音视频参数定义及说明见表 6-31。

音视频参数定义及说明　　　　　　　　　　　　　　　　表 6-31

起始字节	字段	数据类型	描述及说明
0	实时流编码模式	BYTE	0:CBR（固定码率）;1:VBR（可变码率）;2:ABR（平均码率）;100~127:自定义
1	实时流分辨率	BYTE	0:QCIF;1:CIF;2:WCIF;3:D1;4:WD1;5:720P;6:1080P;100~127:自定义
2	实时流关键帧间隔	WORD	范围:1~1000 帧
4	实时流目标帧率	BYTE	范围:1~120 帧/s
5	实时流目标码率	DWORD	单位为千位每秒（kb/s）
9	存储流编码模式	BYTE	0:CBR（固定码率）;1:VBR（可变码率）;2:ABR（平均码率）;100~127:自定义
10	存储流分辨率	BYTE	0:QCIF;1:CIF;2:WCIF;3:D1;4:WD1;5:720P;6:1080P;100~127:自定义
11	存储流关键帧间隔	WORD	范围:1~1000 帧
13	存储流目标帧率	BYTE	范围:1~120 帧/s
14	存储目标码率	DWORD	单位为千位每秒（kb/s）

续上表

起始字节	字段	数据类型	描述及说明
18	OSD字幕叠加设置	WORD	按位设置;0表示不叠加,1表示叠加;bit0:日期和时间;bit1:车牌号码;bit2:逻辑通道号;bit3:经纬度;bit4:行驶记录速度;bit5:卫星定位速度;bit6:连续驾驶时间;bit7~bit10:保留;bit11~bit15:自定义
20	是否启用音频输出	BYTE	0:不启用;1:启用

音视频通道列表见表6-32。

音视频通道列表　　　　　　　　　　　　　　　　表6-32

起始字节	字段	数据类型	描述及说明
0	音视频通道总数	BYTE	用1表示
1	音频通道总数	BYTE	用m表示
2	视频通道总数	BYTE	用n表示
3	音视频通道对照表	BYTE[$4 \times (1+m+n)$]	见表6-33

音视频通道列表见表6-33。

音视频通道对照表　　　　　　　　　　　　　　　　表6-33

起始字节	字段	数据类型	描述及说明
0	物理通道号	BYTE	从1开始
1	逻辑通道号	BYTE	按照《道路运输车辆卫星定位系统　车载视频终端技术要求》(JT/T 1076—2016)中的表2
2	通道类型	BYTE	0:音视频;1:音频;2:视频
3	是否连接云台	BYTE	通道类型为0和2时,此字段有效;0:未连接;1:连接

单独通道视频参数定义及说明见表6-34。

单独通道视频参数定义及说明　　　　　　　　　　　　表6-34

起始字节	字段	数据类型	描述及说明
0	需单独设置视频参数的通道数量	BYTE	用n表示
1	单独通道视频参数设置列表	BYTE[$21 \times n$]	见表6-35

单独通道视频参数设置见表6-35。

单独通道视频参数设置　　　　　　　　　　　　　　表6-35

起始字节	字段	数据类型	描述及说明
0	逻辑通道号	BYTE	按照《道路运输车辆卫星定位系统　车载视频终端技术要求》(JT/T 1076—2016)中的表2
1	实时流编码模式	BYTE	0:CBR(固定码率);1:VBR(可变码率);2:ABR(平均码率);100~127:自定义
2	实时流分辨率	BYTE	0:QCIF;1:CIF;2:WCIF;3:D1;4:WD1;5:720P;6:1080P;100~127:自定义

续上表

起始字节	字段	数据类型	描述及说明
3	实时流关键帧间隔	WORD	范围:1~1000帧
5	实时流目标帧率	BYTE	范围:1~120帧/s
6	实时流目标码率	DWORD	单位为千位每秒(kb/s)
10	存储流编码模式	BYTE	0:CBR(固定码率);1:VBR(可变码率);2:ABR(平均码率);100~127:自定义
11	存储流分辨率	BYTE	0:QCIF;1:CIF;2:WCIF;3:D1;4:WD1;5:720P;6:1080P;100~127:自定义
12	存储流关键帧间隔	WORD	范围:1~1000帧
14	存储流目标帧率	BYTE	范围:1~120帧/s
15	存储流目标码率	DWORD	单位为千位每秒(kb/s)
19	OSD叠加设置	WORD	按位设置:0表示不叠加,1表示叠加;bit0:日期和时间;bit1:车牌号码;bit2:逻辑通道号;bit3:经纬度;bit4:行驶记录速度;bit5:卫星定位速度;bit6:连续驾驶时间;bit7~bit10:保留;bit11~bit15:自定义

特殊报警录像参数定义及说明见表6-36。

特殊报警录像参数定义及说明　　　　　　　　　　表6-36

起始字节	字段	数据类型	描述及说明
0	特殊报警录像存储阈值	BYTE	特殊报警录像占用主存储器存储阈值百分比,取值1~99,默认值为20
1	特殊报警录像持续时间	BYTE	特殊报警录像的最长持续时间,单位为分(min),默认值为5
2	特殊报警标识起始时间	BYTE	特殊报警发生前进行标记的录像时间,单位为分(min),默认值为1

视频分析报警参数定义及说明见表6-37。

视频分析报警参数定义及说明　　　　　　　　　　表6-37

起始字节	字段	数据类型	描述及说明
0	车辆核载人数	BYTE	客运车辆核定载客人数,视频分析结果超过时产生报警
1	疲劳程度阈值	BYTE	视频分析疲劳驾驶报警阈值,超过时产生报警

终端休眠唤醒模式设置数据格式见表6-38。

终端休眠唤醒模式设置数据格式　　　　　　　　　　表6-38

起始字节	字段	数据类型	描述及要求
0	休眠唤醒模式	BYTE	按位设置:0表示不设置,1表示设置;bit0:条件唤醒;bit1:定时唤醒;bit2:手动唤醒
1	唤醒条件类型	BYTE	休眠唤醒模式中bit0为1时此字段有效,否则置0;按位设置:0表示不设置,1表示设置;bit0:紧急报警;bit1:碰撞侧翻报警;bit2:车辆开门

续上表

起始字节	字段	数据类型	描述及要求
2	定时唤醒日设置	BYTE	按位设置:0 表示不设置,1 表示设置;bit0:周一;bit1:周二;bit2:周三;bit3:周四;bit4:周五;bit5:周六;bit6:周日
3	日定时唤醒参数列表	BYTE[17]	见表6-39,各时间段应不重叠

日唤醒参数定义见表6-39。

日唤醒参数定义　　　　　　　　　　　　表6-39

起始字节	字段	数据类型	描述及要求
0	定时唤醒启用标志	BYTE	按位设置:0 表示不设置,1 表示设置; bit0:时间段 1 唤醒时间启用; bit1:时间段 2 唤醒时间启用; bit2:时间段 3 唤醒时间启用; bit3:时间段 4 唤醒时间启用
1	时间段 1 唤醒时间	BCD[2]	HHMM,取值范围 00:00~23:59
3	时间段 1 关闭时间	BCD[2]	HHMM,取值范围 00:00~23:59
5	时间段 2 唤醒时间	BCD[2]	HHMM,取值范围 00:00~23:59
7	时间段 2 关闭时间	BCD[2]	HHMM,取值范围 00:00~23:59
9	时间段 3 唤醒时间	BCD[2]	HHMM,取值范围 00:00~23:59
11	时间段 3 关闭时间	BCD[2]	HHMM,取值范围 00:00~23:59
13	时间段 4 唤醒时间	BCD[2]	HHMM,取值范围 00:00~23:59
15	时间段 4 关闭时间	BCD[2]	HHMM,取值范围 00:00~23:59

②查询终端音视频属性。

消息 ID:0x9003。

消息体为空。

③终端上传音视频属性。

消息 ID:0x1003。

报文类型:信令数据报文。

采用终端上传音视频属性指令应答平台下发的查询终端音视频属性消息,消息体数据格式见表6-40。

终端上传音视频属性数据格式　　　　　　　　　　　　表6-40

起始字节	字段	数据类型	描述及要求
0	输入音频编码方式	BYTE	见表6-41
1	输入音频声道数	BYTE	—
2	输入音频采样率	BYTE	0:8kHz;1:22.05kHz;2:44.1kHz;3:48kHz
3	输入音频采样位数	BYTE	0:8 位;1:16 位;2:32 位

续上表

起始字节	字段	数据类型	描述及要求
4	音频帧长度	WORD	范围 1~4294967295
6	是否支持音频输出	BYTE	0:不支持;1:支持
7	视频编码方式	BYTE	见表 6-41
8	终端支持的最大音频物理通道数量	BYTE	—
9	终端支持的最大视频物理通道数量	BYTE	—

音视频编码类型定义见表 6-41。

音视频编码类型定义表　　　　　　　　表 6-41

编码	名称	备注	编码	名称	备注
0	保留	—	19	AAC	音频
1	G.721	音频	20	WMA9STD	音频
2	G.722	音频	21	HEAAC	音频
3	G.723	音频	22	PCM_VOICE	音频
4	C.728	音频	23	PCM_AUDIO	音频
5	G.729	音频	24	AACLC	音频
6	G.711A	音频	25	MP3	音频
7	G.711U	音频	26	ADPCMA	音频
8	G.726	音频	27	MP4AUDIO	音频
9	G.729A	音频	28	AMR	音频
10	DVI4_3	音频	29~90	保留	—
11	DVI4_4	音频	91	透传	系统
12	DVI4_8K	音频	92~97	保留	视频
13	DVI4_16K	音频	98	H.264	视频
14	LPC	音频	99	H.265	视频
15	S16BE_STEREO	音频	100	AVS	视频
16	S16BE_MONO	音频	101	SVAC	视频
17	MPEGAUDIO	音频	102~110	—	保留
18	LPCM	音频	111~127	—	自定义

（2）视频报警指令。

①视频报警上报。

视频报警上报采用与位置信息同时上报的方式,作为 0x0200 位置信息汇报的附加信息,对《道路运输车辆卫星定位系统终端通信协议及数数格式》(JT/T 808—2019)附加信息定义表进行扩展,附加信息扩展定义见表 6-42。

附加信息定义表扩展　　　　　　　　　　　　　　　　　　　　　　表 6-42

附加信息 ID	附加信息长度	描述及要求
0x14	4	视频相关报警,DWORD,按位设置,标志位定义见表 6-43
0x15	4	视频信号丢失报警状态,DWORD,按位设置,bit0~bit31 分别表示第 1~32 个逻辑通道,相应位为 1 则表示该逻辑通道发生视频信号丢失
0x16	4	视频信号遮挡报警状态,DWORD,按位设置,bit0~bit31 分别表示第 1~32 个逻辑通道,相应位为 1 则表示该逻辑通道发生视频信号遮挡
0x17	2	存储器故障报警状态,WORD,按位设置,bit0~bit11 分别表示第 1~12 个主存储器,bit12~bit15 分别表示第 1~4 个灾备存储装置,相应位为 1 则表示该存储器发生故障
0x18	2	异常驾驶行为报警详细描述,WORD,定义见表 6-44

视频报警标志位定义见表 6-43。

视频报警标志位定义　　　　　　　　　　　　　　　　　　　　　　表 6-43

位	定义	处理说明
0	视频信号丢失报警	标志维持至报警条件解除
1	视频信号遮挡报警	标志维持至报警条件解除
2	存储单元故障报警	标志维持至报警条件解除
3	其他视频设备故障报警	标志维持至报警条件解除
4	客车超员报警	标志维持至报警条件解除
5	异常驾驶行为报警	标志维持至报警条件解除
6	特殊报警录像达到存储阈值报警	收到应答后清零
7~31	预留	

异常驾驶行为标志位定义见表 6-44。

异常驾驶行为标志位定义　　　　　　　　　　　　　　　　　　　　表 6-44

起始字节	字段	数据类型	描述及要求
0	异常驾驶行为类型	WORD	按位设置:0 表示无,1 表示有;bit0:疲劳;bit1:打电话;bit2:抽烟;bit3~bit10:保留;bit11~bit15:自定义
2	疲劳程度	BYTE	疲劳程度用 0~100 表示,数值越大表示疲劳程度越严重

②终端上传乘客流量。

消息 ID:0x1005。

报文类型:信令数据报文。

终端设备通过视频分析对上下车乘客计数,并向平台发送计数结果,消息体数据格式见表 6-45。

终端上传乘客流量数据格式　　　　　　　表6-45

起始字节	字段	数据类型	描述及要求
0	起始时间	BCD[6]	YY-MM-DD-HH-MM-SS（GMT+8时区，本标准中之后涉及的时间均采用此时区）
6	结束时间	BCD[6]	YY-MM-DD-HH-MM-SS
12	上车人数	WORD	从起始时间到结束时间的上车人数
14	下车人数	WORD	从起始时间到结束时间的下车人数

（3）实时音视频传输指令。

①实时音视频传输请求。

消息 ID：0x9101。

报文类型：信令数据报文。

平台向终端设备请求实时音视频传输，包括实时视频传输、主动发起双向语音对讲、单向监听、向所有终端广播语音和特定透传等。消息体数据格式见表6-46。终端在收到此消息后回复视频终端通用应答，通过对应的服务器 IP 地址和端口号建立传输链路，然后按照音视频流传输协议传输相应的音视频流数据。

实时音视频传输请求数据格式　　　　　　　表6-46

起始字节	字段	数据类型	描述及要求
0	服务器 IP 地址长度	BYTE	长度 n
1	服务器 IP 地址	STRING	实时视频服务器 IP 地址
1+n	服务器视频通道监听端口号（TCP）	WORD	实时视频服务器 TCP 端口号
3+n	服务器视频通道监听端口号（UDP）	WORD	实时视频服务器 UDP 端口号
5+n	逻辑通道号	BYTE	按照 JT/T 1076—2016 中的表2
6+n	数据类型	BYTE	0：音视频；1：视频；2：双向对讲；3：监听；4：中心广播；5：透传
7+n	码流类型	BYTE	0：主码流，1：子码流

平台收到视频终端的特殊报警后，应无须等待人工确认即主动下发本条指令，启动实时音视频传输。

②音视频实时传输控制。

消息 ID：0x9102。

报文类型：信令数据报文。

平台发送音视频实时传输控制指令，用于切换码流、暂停码流传输、关闭音视频传输通道等，消息体数据格式见表6-47。

③实时音视频流及透传数据传输。

报文类型：码流数据报文。

实时音视频流数据的传输参考 RTP 协议，使用 UDP 或 TCP 承载。负载包格式在 IETF RFC 3550 RTP 定义的基础上补充了消息流水号、SIM 卡号、音视频通道号等字段，其负载包格式定义见表6-48。表中定义的bit位按照大端模式(big-endian)进行填写。

音视频实时传输控制数据格式　　　　　　　　　　　　　　　　　表6-47

起始字节	字段	数据类型	描述及要求
0	逻辑通道号	BYTE	按照JT/T 1076—2016中的表2
1	控制指令	BYTE	平台可以通过该指令对设备的实时音视频进行控制： 0：关闭音视频传输指令； 1：切换码流(增加暂停和继续)； 2：暂停该通道所有流的发送； 3：恢复暂停前流的发送，与暂停前的流类型一致； 4：关闭双向对讲
2	关闭音视频类型	BYTE	0：关闭该通道有关的音视频数据； 1：只关闭该通道有关的音频，保留该通道有关的视频； 2：只关闭该通道有关的视频，保留该通道有关的音频
3	切换码流类型	BYTE	将之前申请的码流切换为新申请的码流，音频与切换前保持一致。新申请的码流中，0表示主码流；1表示子码流

音视频流及透传数据传输协议负载包格式定义表　　　　　　　　　　　表6-48

起始字节	字段	数据类型	描述及要求
0	帧头标识	DWORD	固定为 0x30 0x31 0x63 0x64
4	V	2 BITS	固定为2
	P	1 BIT	固定为0
	X	1 BIT	RTP头是否需要扩展位，固定为0
	CC	4 BITS	固定为1
5	M	1 BIT	标志位，确定是否是完整数据帧的边界
	PT	7 BITS	负载类型
6	包序号	WORD	初始为0，每发送一个RTP数据包，序列号加1
8	SIM卡号	BCD[6]	终端设备SIM卡号
14	逻辑通道号	BYTE	按照JT/T 1076—2016中的表2
15	数据类型	4 BITS	0000：视频I帧；0001：视频P帧；0010：视频B帧；0011：音频帧；0100：透传数据
	分包处理标记	4 BITS	0000：原子包，不可被拆分；0001：分包处理时的第一个包；0010：分包处理时的最后一个包；0011：分包处理时的中间包
16	时间戳	BYTE[8]	标识此RTP数据包当前帧的相对时间，单位毫秒(ms)。当数据类型为0100时，则没有该字段
24	Last I Frame Interval	WORD	该帧与上一个关键帧之间的时间间隔，单位毫秒(ms)，当数据类型为非视频帧时，则没有该字段
26	Last Frame Interval	WORD	该帧与上一帧之间的时间间隔，单位毫秒(ms)，当数据类型为非视频帧时，则没有该字段

续上表

起始字节	字段	数据类型	描述及要求
28	数据体长度	WORD	后续数据体长度,不含此字段
30	数据体	BYTE[n]	音视频数据或透传数据,长度不超过950byte

④实时音视频传输状态通知。

消息 ID:0x9105。

报文类型:信令数据报文。

平台在接收终端上传音视频数据的过程中按照设定的时间间隔向终端发送通知包,消息体数据格式见表6-49。

实时音视频传输状态通知数据格式　　　　表6-49

起始字节	字段	数据类型	描述及要求
0	逻辑通道号	BYTE	按照JT/T 1076—2016 中的表2
1	丢包率	BYTE	当前传输通道的丢包率,数值乘以100 之后取整数部分

(4)历史音视频查询、回放与下载指令。

①查询资源列表。

消息 ID:0x9205。

报文类型:信令数据报文。

平台按照音视频类型、通道号、报警类型和起止时间等组合条件从终端中查询录像文件列表。消息体数据格式见表6-50。

查询录像文件列表数据格式　　　　表6-50

起始字节	字段	数据类型	描述及要求
0	逻辑通道号	BYTE	按照JT/T 1076—2016 中的表2。0 表示所有通道
1	开始时间	BCD[6]	YY-MM-DD-HH-MM-SS,全0 表示无起始时间条件
7	结束时间	BCD[6]	YY-MM-DD-HH-MM-SS,全0 表示无终止时间条件
13	报警标志	64BITS	bit0 ~ bit31 见 JT/T 808—2011 中的表18 报警标志位定义; bit32 ~ bit63 见表6-43,全0 表示无报警类型条件
21	音视频资源类型	BYTE	0:音视频;1:音频;2:视频;3:视频或音视频
22	码流类型	BYTE	0:所有码流;1:主码流;2:子码流
23	存储器类型	BYTE	0:所有存储器;1:主存储器;2:灾备存储器

②终端上传音视频资源列表。

消息 ID:0x1205。

报文类型:信令数据报文。

终端响应平台的查询音视频资源列表指令,采用终端上传音视频资源列表消息应答。如列表过大需要分包传输时,采用JT/T 808—2011 中4.4.3 定义的分包机制处理,平台应对每个单独分包回复视频平台通用应答。消息体数据格式见表6-51。

终端上传音视频资源列表数据格式　　　　　　　　　表6-51

起始字节	字段	数据类型	描述及要求
0	流水号	WORD	对应查询音视频资源列表指令的流水号
2	音视频资源总数	DWORD	无符合条件的音视频资源,置为0
6	音视频资源列表		见表6-52

终端上传音视频资源列表格式见表6-52。

终端上传音视频资源列表格式　　　　　　　　　　　表6-52

起始字节	字段	数据类型	描述及要求
0	逻辑通道号	BYTE	按照JT/T 1076—2016中的表2
1	开始时间	BCD[6]	YY-MM-DD-HH-MM-SS
7	结束时间	BCD[6]	YY-MM-DD-HH-MM-SS
13	报警标志	64BITS	bit0~bit31按照JT/T 808—2019的表18报警标志位定义; bit32~bit63见表6-43
21	音视频资源类型	BYTE	0:音视频;1:音频;2:视频
22	码流类型	BYTE	1:主码流;2:子码流
23	存储器类型	BYTE	1:主存储器;2:灾备存储器
24	文件大小	DWORD	单位字节(BYTE)

③平台下发远程录像回放请求。

消息ID:0x9201。

报文类型:信令数据报文。

平台向终端设备请求音视频录像回放,终端应采用0x1205(终端上传录像文件列表)指令应答,然后传输录像数据采用表6-48实时音视频流数据传输RTP协议负载包格式所定义的封包格式。消息体数据格式见表6-53。

平台下发远程录像回放请求数据格式　　　　　　　　表6-53

起始字节	字段	数据类型	描述及要求
0	服务器IP地址长度	BYTE	长度n
1	服务器IP地址	STRING	实时音视频服务器IP地址
1+n	服务器音视频通道监听端口号(TCP)	WORD	实时音视频服务器端口号,不使用TCP传输时置0
3+n	服务器音视频通道监听端口号(UDP)	WORD	实时音视频服务器端口号,不使用UDP传输时置0
5+n	逻辑通道号	BYTE	按照JT/T 1076—2016中的表2
6+n	音视频类型	BYTE	0:音视频;1:音频;2:视频;3:视频或音视频
7+n	码流类型	BYTE	0:主码流或子码流;1:主码流;2:子码流;如此通道只传输音频,此字段置0

续上表

起始字节	字段	数据类型	描述及要求
8+n	存储器类型	BYTE	0:主存储器或灾备存储器;1:主存储器;2:灾备存储器
9+n	回放方式	BYTE	0:正常回放;1:快进回放;2:关键帧快退回放;3:关键帧播放;4:单帧上传
10+n	快进或快退倍数	BYTE	回放方式为1和2时,此字段内容有效,否则置0。0:无效;1:1倍;2:2倍;3:4倍;4:8倍;5:16倍
11+n	开始时间	BCD[6]	YY-MM-DD-HH-MM-SS,回放方式为4时,该字段表示单帧上传时间
17+n	结束时间	BCD[6]	YY-MM-DD-HH-MM-SS,为0表示一直回放,回放方式为4时,该字段无效

④平台下发远程录像回放控制。

消息 ID:0x9202。

报文类型:信令数据报文。

终端设备进行音视频录像回放过程中,平台可下发回放控制指令对回放过程进行控制。消息体数据格式见表6-54。

平台下发远程录像回放控制数据格式 表6-54

起始字节	字段	数据类型	描述及要求
0	音视频通道号	BYTE	按照 JT/T 1076—2016 中的表2
1	回放控制	BYTE	0:开始回放;1:暂停回放;2:结束回放;3:快进回放;4:关键帧快退回放;5:拖动回放;6:关键帧播放
2	快进或快退倍数	BYTE	回放控制为3和4时,此字段内容有效,否则置0。0:无效;1:1倍;2:2倍;3:4倍;4:8倍;5:16倍
3	拖动回放位置	BCD[6]	YY-MM-DD-HH-MM-SS,回放控制为5时,此字段有效

⑤文件上传指令。

消息 ID:0x9206。

报文类型:信令数据报文。

平台向终端下发文件上传命令,终端回复通用应答后通过FTP方式将文件上传到目标FTP服务器的指定路径。消息体数据格式见表6-55。

文件上传指令数据格式 表6-55

起始字节	字段	数据类型	描述及要求
0	服务器地址长度	BYTE	长度 k
1	服务器地址	STRING	FTP 服务器地址
1+k	端口	WORD	FTP 服务器端口号

续上表

起始字节	字段	数据类型	描述及要求
$3+k$	用户名长度	BYTE	长度 l
$4+k$	用户名	STRING	FTP 用户名
$4+k+l$	密码长度	BYTE	长度 m
$5+k+l$	密码	STRING	FTP 密码
$5+k+l+m$	文件上传路径长度	BYTE	长度 n
$6+k+l+m$	文件上传路径	STRING	文件上传路径
$6+k+l+m+n$	逻辑通道号	BYTE	见 JT/T 1076—2016 中的表 2
$7+k+l+m+n$	开始时间	BCD[6]	YY-MM-DD-HH-MM-SS
$13+k+l+m+n$	结束时间	BCD[6]	YY-MM-DD-HH-MM-SS
$19+k+l+m+n$	报警标志	64BITS	bit0~bit31 见 JT/T 808—2019 表 18 报警标志位定义;bit32~bit63 见表 6-43;全 0 表示不指定是否有报警
$27+k+l+m+n$	音视频资源类型	BYTE	0:音视频;1:音频;2:视频;3:视频或音视频
$28+k+l+m+n$	码流类型	BYTE	0:主码流或子码流;1:主码流;2:子码流
$29+k+l+m+n$	存储位置	BYTE	0:主存储器或灾备存储器;1:主存储器;2:灾备存储器
$30+k+l+m+n$	任务执行条件	BYTE	用 bit 位表示:bit0:Wi-Fi,为 1 时表示 Wi-Fi 下可下载;bit1:LAN,为 1 时表示 LAN 连接时可下载;bit2:3G/4G,为 1 时表示 3G/4G 连接时可下载

⑥文件上传完成通知。

消息 ID:0x1206。

报文类型:信令数据报文。

当全部文件通过 FTP 上传完成后,终端上报此指令通知平台。消息体数据格式见表 6-56。

文件上传完成通知数据格式 表 6-56

起始字节	字段	数据类型	描述及要求
0	应答流水号	WORD	对应平台文件上传消息的流水号
2	结果	BYTE	0:成功;1:失败

⑦文件上传控制。

消息 ID:0x9207。

报文类型:信令数据报文。

平台通知终端暂停、继续或取消正在传输中的所有文件。消息体数据格式见表 6-57。

(5)云台控制指令。

①云台旋转。

消息 ID:0x9301。

文件上传控制数据格式　　　　　　　　　表6-57

起始字节	字段	数据类型	描述及要求
0	应答流水号	WORD	对应平台文件上传消息的流水号
2	上传控制	BYTE	0:暂停;1:继续;2:取消

报文类型:信令数据报文。

平台向终端请求旋转镜头。消息体数据格式见表6-58。

云台旋转数据格式　　　　　　　　　　表6-58

起始字节	字段	数据类型	描述及要求
0	逻辑通道号	BYTE	按照JT/T 1076—2016中的表2
1	方向	BYTE	0:停止;1:上;2:下;3:左;4:右
2	速度	BYTE	0~255

②云台调整焦距控制。

消息ID:0x9302。

报文类型:信令数据报文。

平台向终端请求调整镜头焦距。消息体数据格式见表6-59。

云台调整镜头焦距控制数据格式　　　　　表6-59

起始字节	字段	数据类型	描述及要求
0	逻辑通道号	BYTE	按照JT/T 1076—2016中的表2
1	焦距调整方向	BYTE	0:焦距调大;1:焦距调小

③云台调整光圈控制。

消息ID:0x9303。

报文类型:信令数据报文。

平台向终端请求调整镜头光圈。消息体数据格式见表6-60。

云台调整镜头光圈控制数据格式　　　　　表6-60

起始字节	字段	数据类型	描述及要求
0	逻辑通道号	BYTE	按照JT/T 1076—2016中的表2
1	光圈调整方式	BYTE	0:调大;1:调小

④云台刮水器控制。

消息ID:0x9304。

报文类型:信令数据报文。

平台向终端请求刮水器刮水。消息体数据格式见表6-61。

⑤红外补光控制。

消息ID:0x9305。

云台刮水器控制数据格式　　　　　　　表6-61

起始字节	字段	数据类型	描述及要求
0	逻辑通道号	BYTE	按照JT/T 1076—2016中的表2
1	启停标识	BYTE	0:停止;1:启动

报文类型:信令数据报文。

平台向终端请求红外补光控制。消息体数据格式见表6-62。

红外补光控制数据格式　　　　　　　表6-62

起始字节	字段	数据类型	描述及要求
0	逻辑通道号	BYTE	按照JT/T 1076—2016中的表2
1	启停标识	BYTE	0:停止;1:启动

⑥云台变倍控制。

消息ID:0x9306。

报文类型:信令数据报文。

平台向终端请求变倍控制。消息体数据格式见表6-63。

云台变倍控制数据格式　　　　　　　表6-63

起始字节	字段	数据类型	描述及要求
0	逻辑通道号	BYTE	按照JT/T 1076—2016中的表2
1	变倍控制	BYTE	0:调大;1:调小

(6)终端休眠唤醒指令:

平台通过发送唤醒短信来唤醒处于休眠状态的终端开始工作,短信内容为"WAKE-UPXX",其中XX代表唤醒的时长,单位为分(min),取值范围为0~65536。如果为0,则表示一直处于唤醒状态,直到终端ACC ON或低于额定电压。

2. 音视频流服务器与客户端播放软件间的码流通信

(1)音视频流及透传数据封装格式。

视频平台与客户端播放软件间的音视频流及透传数据封装格式定义可查阅表6-48。

(2)音视频流请求URL指令格式。

政府视频监管平台向企业视频监控平台发送实时预览或远程回放请求指令并得到成功应答后,获取到音视频流服务器的IP地址和端口号,由政府视频监管平台客户端直接向企业音视频流服务器发送URL指令,建立链接后获取音视频流数据,客户端通过浏览器插件或专用软件进行播放。

音视频流请求URL不应在界面中显示,指令格式具体定义如下:

[http://服务器IP地址]:[端口号]/[车牌号码].[车牌颜色].[逻辑通道号].[音视频标志].[时效口令]

音视频流请求URL指令的各数据项定义见表6-64。

音视频流请求 URL 指令数据项定义表　　　　　表 6-64

字段		描述及要求
地址属性信息	服务器 IP 地址	音视频流服务器 IP 地址
	端口号	音视频流服务端口号
	车牌号码	应采用 UTF-8 编码,并统一转化为 IETF RFC 2854 中的 application/x-www-form-URLencoded MIME 格式
	车牌颜色	按照《道路运输电子政务平台　信息分类与编码》(JT/T 415—2021)中 6.5.11 的规定
	逻辑通道号	按照 JT/T 1076—2016 中 0 表示所有通道
	音视频标志	0:音视频;1:音频;2:视频
附加信息	时效口令	由企业平台服务器生成,归属地区政府平台客户端的时效口令与跨域地区政府平台的时效口令不同。时效口令应仅由英文字母(含大小写)及阿拉伯数字构成,长度为 64 个 ASCⅡ字符,应每 24h 更新一次
	位置标识	车辆 5min 内的任一时刻的卫星定位时间和经纬度,用于跨域地区政府平台访问时的验证,归属地区政府平台客户端访问时可为空。ASCⅡ字符表示,格式为:YYYYMMDD-HHMMSS-NXX.XXXXXX-EXXX.XXXXXX

五　V2X 系统数据通信协议

对于智能网联汽车而言,除了车辆需要具备观察周围的环境的感知系统,还需要与一切可能影响车辆的实体实现信息交互,以减少事故的发生、缓解交通拥堵等,于是 V2X(Vehicle to Everthing)技术就被当作智能网联汽车的一个感知手段正在被逐步开发。

V2X 是指车与一切事物的信息交互,广泛意义的 V2X 包含了车与车(Vehicle to Vehicle,V2V)、车与基础设施(Vehicle to Infrastructure,V2I)、车与行人(Vehicle to pedestrian,V2P)、车与网络(Vehicle to Network,V2N)及其他等。V2X 本质是一种信息的交互,因此,随着无线通信技术的发展,V2X 通信根据在链路层和物理层的不同分为两种技术手段来实现:DSRC 技术和 C-LTE 技术。其中,DSRC 已经具备基本完整的通信协议 WAVE 协议栈;C-LTE 依托于 5G。《合作式智能运输系统　车用通信系统应用层及应用数据交互标准》(T/CSAE 53—2020)是目前 C-V2X 应用层相关的唯一发布的标准。

1. WAVE 协议栈与 DSRC 技术

DSRC 是指专用短途通信,WAVE 协议由 IEEE802.11p、IEEE1609 协议簇、SAE J2735 共同组成其基本架构。

IEEE802.11p 由无线局域网的通用标准——802.11 系列协议发展而来,是专门用于车载电子的无线通信协议。802.11p 将 5.850~5.925GHz 共 75MHz 的频段专用于车联网系统,频谱带宽由 7 个 10MHz 的信道和一个 5MHz 的安全边界组成,Ch176 作为控制信道(Control Channel,CCH),其他 6 个都作为服务信道(Service Channel,SCH)。其中 Ch174 和 Ch176 可以合并成为一个 20MHz 带宽的信道 Ch175,Ch180 和 Ch182 可以合并成为一个 20MHz 带宽的信道 Ch181。

在网络架构上,DSRC 技术支持点对点通信,同时也支持 RSU 作为区域中心节点对该区域的信息进行管理和资源的配置。因此,DSRC 主要可以实现车对车(V2V)、车对基础设施(V2I)之间的通信;可以对短程(数十米的距离)高速行驶的车辆进行识别和连接。DSRC 目前较为成熟的应用是电子不停车收费(ETC)。

2. LTE-V2X 协议及 C-LTE 技术

C-V2X 是基于蜂窝网络的 V2X 技术,具体根据接口的不同可分为直通方式 V2X-Direct(Pc5 接口)和蜂窝方式 V2X-Cellular(Uu 接口)两种工作方式。在传统的蜂窝网络通信中,用户 A 到用户 B 的任何一条指令,在发出时都需要先经过基站,再进行后续节点的处理与转发,用户 A 和用户 B 是不能够直接进行对话的。但是到了车联网领域,场景发生变化,收发车辆距离近,要求的时延低,因此车与车直接通信能够更好地满足需求,LTE-D2D(Device to Device)应运而生。D2D 技术为车联网提供了一种全新的通信方式,即基于 PC5 接口的直通方式。

在现有 LTE 技术中,D2D 通信是一种在基站控制下,允许邻近的终端使用蜂窝网络资源进行通信的技术。D2D 用户通过 D2D 直通链路,其数据传输不再经过基站的中继,但是信号指令的传输仍然使用用户到基站的链路。

图 6-12 为 LTE-V2X 的网络架构,由图可知,针对不同的通信对象,图中连线上的字母和数字对应不同的空中接口,例如车辆与车辆、车辆与固定节点、车辆与行人,通过点对点通信的 PC5 口相连;车辆与 E-UTRAN(无线接入网)、固定节点与基站,通过 Uu 接口相连。V2X 功能控制,通过 V3 口相连,由 V2X 控制面发出给节点的信息,例如行人和固定节点,都是通过 V3 口相连,应用与应用间则通过 V5 口相连。

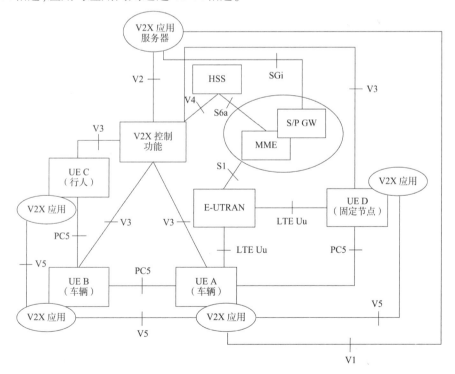

图 6-12　LTE-V2X 网络架构

3. T/CSAE 53 的交互数据集

消息层数据集用 ASN.1 标准进行定义,遵循"消息帧—消息体—数据帧—数据元素"层层嵌套的逻辑进行制定。数据集交互的编码方式遵循非对齐压缩编码规则 UPER。

消息层数据集,主要由 1 个消息帧格式、5 个最基本的消息体以及相应的数据帧和数据元素组成,如图 6-13 所示。

图 6-13 基于 LTE 的车联网无线通信技术消息层数据集构成消息帧

1)消息体

消息帧是单个应用层消息的统一打包格式,是数据编解码的唯一操作对象。消息帧由不同类别的消息体组成,并支持扩展。

(1)车辆基本安全消息(Basic Safety Message,BSM)。

BSM 是使用最广泛的一个应用层消息,用来在车辆之间交换安全状态数据。车辆通过该消息的广播,将自身的实时状态告知周围车辆,以此支持一系列协同安全等应用。

(2)地图消息(Map Data,MAPD)。

MAPD 是由路侧单元广播,向车辆传递局部区域的地图信息,包括局部区域的路口信息、路段信息、车道信息、道路之间的连接关系等。单个地图消息可以包含多个路口或区域的地图数据。路口处的信号灯信息则在信号灯消息中详细定义。

图 6-14 给出了 MAP 消息的主体结构,是一个层层嵌套的形式。其中阴影框为可选项,其余为必有项。

(3)路侧交通信息(Road Side Information,RSI)。

RSI 适用于由路侧单元向周围车载单元发布的交通事件信息以及交通标志信息。其中,交通事件信息当前支持《道路交通信息服务 交通事件分类与编码》(GB/T 29100—2012);交通标志信息当前支持《道路交通标志和标线 第 2 部分:道路交通标志》(GB 5768.2—2022)。该消息帧能够打包一个或多个交通事件信息或者交通标志信息,同时包含发送该消息的路侧单元编号以及参考位置坐标。

车载单元在判定事件或标志的生效区域时,根据自身的定位与运行方向,以及消息本身提供的时效信息、关联区域/路段范围,来进行判定。消息体中,refPos 字段用来提供本消息作用范围内的参考三维位置坐标,消息中所有的位置偏移量,均基于该参考坐标计算。真实位置坐标等于偏移量加上参考坐标。

(4)路侧安全消息(Road side Safety Message,RSM)。

路侧单元通过路侧本身拥有的相应检测手段,得到其周边交通参与者的实时状态信息(这里交通参与者包括路侧单元本身、周围车辆、非机动车、行人等),并将这些信息整理成本消息体所定义的格式,作为这些交通参与者的基本安全状态信息(类似于 Msg_BSM),广播给周边车辆,支持这些车辆的相关应用。

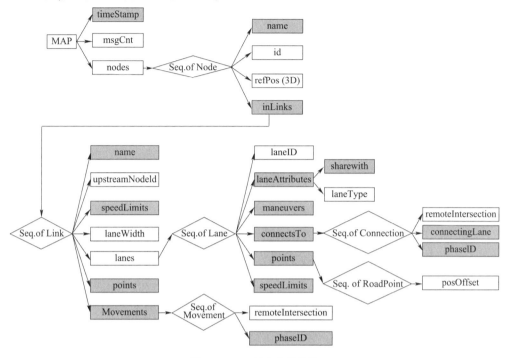

图 6-14　MAP 消息主体结构

MAP-地图;timeStamp-时间标识;msgCnt-消息编号;nodes-节点;name-名称;id-标识;refPos-参考坐标;inLinks-链接;upstreamNodeId-上游节点 ID;speedLimits-限速;laneWidth-车道宽度;lanes-车道;points-车道中心点列;Movements-运动;laneID-车道地址;laneAttributes-车道属性;maneuvers-允许转向行为;connectsTo-车道连接;remoteIntersection-远程交叉点;phaseID-信号灯相位标识;sharewith-共享属性;laneType-车道类型;connectingLane-连接车道;posOffset-偏移量

Msg_RSM 消息的存在,使得车辆对于周围环境的感知不仅仅依赖于 Msg_BSM 消息。路侧单元基于路侧传感器,帮助车辆对其周围的环境进行了探测,并将实时信息通过 Msg_RSM 消息传递给车辆。

Msg_RSM 消息中,refPos 字段用来提供本消息作用范围内的参考三维位置坐标,消息中所有的位置偏移量,均基于该参考坐标计算。真实位置坐标等于偏移量加上参考坐标。

(5)信号灯消息(Signal Phase and Timing Message,SPAT)。

SPAT 包含了一个或多个路口信号灯的当前状态信息。结合 MAP 消息,为车辆提供实时的前方信号灯相位信息。

图 6-15 给出了 SPAT 消息的主体结构。其中阴影框为可选项,其余为必有项。

2)数据帧

数据帧由其他数据单元或数据类型组合而成,具有特定的实际意义,是消息体的组成部分。以下面几个数据帧为例,作简要说明。

(1)DF_AccelerationSet4Way。

用于定义车辆四轴加速度。

Long：纵向加速度。向前加速为正，反向为负。
Lat：横向加速度。向右加速为正，反向为负。
Vert：垂直加速度。沿重力方向向下为正，反向为负。
Yaw：横摆角速度。顺时针旋转为正，反向为负。

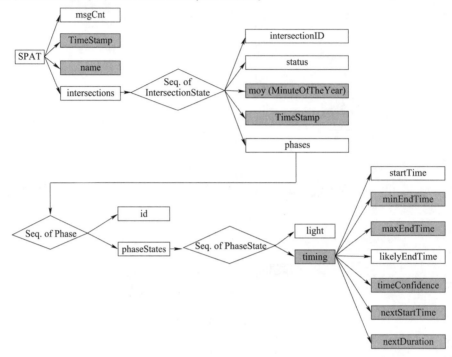

图6-15　SPAT消息主体结构

SPAT-信号灯消息；TimeStamp-时间标识；intersection-交叉点；intersectionID-交叉点地址；status-状态；MinuteOfTheYear-每分；phases-阶段；phaseStates-阶段状态；light-信号灯；timing-计时；startTime-开始时间；minEndTime-最短结束时间；maxEndTime-最大结束时间；likelyEndTime-可能结束时间；timeConfidence-时间置信度；nextStartTime-下一次开始时间；nextDuration-下一次持续

（2）DF_BrakeSystemStatus。

用于定义车辆的制动系统状态，包括7种不同类型的状态。

brakePadel：制动踏板踩下情况。

wheelBrakes：车辆车轮制动情况。

traction：牵引力控制系统作用情况。

abs：防抱死制动系统作用情况。

scs：车身稳定控制系统作用情况。

brakeBoost：制动助力系统作用情况。

auxBrakes：辅助制动系统（一般指驻车制动器）情况。

（3）DF_ConnectingLane。

用于定位上游车道转向连接的下游车道。

包括下游车道 ID 以及该转向的允许行驶行为，下游车道 ID 的作用范围是该车道所在的路段。

(4) DF_Connection。

用于定义当前车道与下游路段中车道的连接关系。

包括下游路段出口节点 ID、连接的下游路段车道基本信息以及对应的信号灯相位号。在车道连接中定义的相位号,是对 DF_Movement 中定义转向的相位号的一个补充。当某些车道在转向时需要参考一些特殊的信号灯相位(而不是 DF_Movement 中定义的默认相位)时,则应该将其定义在本数据帧中。

(5) DF_ConnectsToList。

用于定义路段中每条车道,在下游路口处与下游路段中车道的转向连接关系列表。

(6) DF_DateTime。

用于定义完整的日期和时间数据单元。

(7) DF_Description。

用于定义文本描述信息。提供两种编码形式,ASCⅡ字符文本形式和中文编码形式。ASCⅡ字符文本形式,支持长度 1 字节到 512 字节;中文编码形式,符合《信息交换用汉字编码字符集　基本集》(GB/T 2312—1980)的编码规则,1 个中文字符由 2 字节信息编码,支持长度 1 到 256 个中文字符。

(8) DF_FullPositionVector。

用于定义完整的参考轨迹点信息。用于车辆历史轨迹数据单元,作为一串轨迹点的参考点数据。

(9) DF_IntersectionState。

用于定义一个路口信号灯的属性和当前状态。包括路口 ID、信号灯工作状态、时间戳以及信号灯的相位列表。

3) 数据元素

数据元素是消息体或数据单元的组成部分。它由基本数据类型定义产生,具有实际物理意义。以下面几个数据单元为例,作简要说明。

(1) DE_Acceleration。

用于定义车辆加速度,分辨率为 $0.01m/s^2$,数值 2001 为无效数值。

(2) DE_AllowedManeuvers。

用于定义一个(机动车)车道的允许转向行为。

(3) DE_AntiLockBrakeStatus。

用于定义防抱死制动系统(ABS)状态。

(4) DE_AuxiliaryBrakeStatus。

用于指示制动辅助系统状态(通常为驻车制动器)。

(5) DE_BasicVehicleClass。

用于定义车辆基本类型。

(6) DE_BrakeAppliedStatus。

用于定义四轮分别的制动状态。这里将车辆的轮胎分为左前、右前、左后、右后四组。

当车辆进行制动时,该数值分别指示了四组轮胎的制动情况。当车辆为单排轮胎(摩托车等)时,以左前和左后表示其前后轮,后侧轮胎对应数值置为0。当车辆某一组轮胎由多个组成时,其状态将等效到一个数值来表示。

(7) DE_BrakeBoostApplied。

通过制动辅助系统的状态,指示车辆紧急制动状态。制动辅助系统通过判断紧急情况是否需要紧急制动,从而接管制动系统,在驾驶员未来得及做出反应时进行制动。辅助系统可能通过监测加速踏板的突然松开或前置检测器,来判断紧急制动的需求。

(8) DE_BrakePedalStatus。

用于指示制动踏板状态,是否处在被踩下状态。

(9) DE_CoarseHeading。

用于定义粗粒度的车辆航向角,分辨率为1.5°。

技能实训

实训项目　根据车辆相关通信标准(数据协议)分析车辆运行数据

课程名称:＿＿＿＿＿＿＿＿＿＿＿＿　　日期:＿＿＿＿＿＿＿＿　　成绩:＿＿＿＿＿＿＿＿

学生姓名:＿＿＿＿＿＿＿＿＿＿＿＿　　学号:＿＿＿＿＿＿＿＿　　班级:＿＿＿＿＿＿＿＿

任务载体	配备具备V2X功能的测试车一辆,上位机一台,车辆相关的通信标准	
任务目标	1.运用上位机完成车辆相关数据的读取。 2.能够查阅车辆相关通信标准(数据协议)。 3.完成数据分析,即清楚数据定义、格式及含义	
项目	步骤	操作记录
1.方案制作	1.准备具备V2X功能的测试车	
	2.准备上位机一台及数据连接线	
	3.准备车辆相关的通信标准	
	4.读取车辆相关通信数据并进行分析	
2.试验内容选择	1.完成车辆检查,连接上位机进行数据读取	
	2.根据读取到的数据,查阅标准进行数据分析	
3.实际测试	1.读取ESR雷达的部分数据,并根据J1939进行分析	
	2.读取汽车记录仪中部分数据,并根据GB/T 19056—2021进行分析	
	3.读取新能源汽车中部分数据,并根据GB/T 32960—2016进行分析	
	4.读取营运车型部分数据,并根据JT/T 1078—2016进行分析	
	5.读取V2X的部分数据并进行分析	

模块六 智能网联汽车常用数据标准协议

续上表

项目	步骤	操作记录
4.实训评价	1.根据试验内容选择评价指标	
	2.根据试验内容选择评价实施方法	
	3.对整个实训内容进行评价总结分析	
小组互评 第___组	组员学号	
	组员姓名	
	互评分	
教师考核		

思考与练习

一、填空题

1. J1939对这29位标志符进行了重新分类和解释,其中前3位表示_____,之后是_____、_____、_____、_____以及_____。

2. 记录仪RS232接口的数据传输采用_____方式,通信速率为_____,以字节为单位,含有1个_____,8个_____,1个停止位,奇校验。

3. GB/T 32960—2016新能源汽车数据协议采用_____模式的网络字节序来传递_____和_____。

4. 一个完整的GB/T 32960—2016新能源汽车数据包应由_____、_____、_____、_____、_____以及_____组成。

5. V2X通信根据在链路层和物理层的不同分为两种技术手段来实现,即_____、_____技术。

二、选择题

1. J1939数据标准协议建立在( )协议上。
   A. WAN　　　　B. LAN　　　　C. MAN　　　　D. CAN

2. J1939中的优先级可以从最高优先级的0到最低优先级7。默认情况下控制类报文的优先级为( ),其他报文的优先级为( )。
   A. 0、7　　　　B. 7、0　　　　C. 3、6　　　　D. 6、3

3. ( )是由802.11系列协议发展而来,是专门用于车载电子的无线通信协议。
   A. IEEE802.11a　　B. IEEE802.11b　　C. IEEE802.11n　　D. IEEE802.11p

4. 汽车记录仪的驾驶员身份识别IC卡数据不采用( )编码。
   A. 十六进制　　B. 8421BCD码　　C. ASCⅡ字符码　　D. GB 2312字符集

5. T/CSAE 53 协议规定,消息层数据集用( )标准进行定义。
  A. XML   B. JSON   C. ASN.1   D. YAML

三、简答题

1. 简述 PGN 的计算方法。
2. 汽车记录仪 RS232 数据通信应遵循哪些传输约定？
3. 汽车记录仪的 IC 卡数据存储需遵循哪些文件格式？
4. 简述 JT/T 1078—2016 系列营运车型数据协议中视频终端与视频平台间通信协议的终端休眠唤醒指令。

参 考 文 献

[1] 国家市场监督管理总局,中国国家标准化管理委员会.汽车驾驶自动化分级:GB/T 40429—2021[S].北京:中国标准出版社,2021.

[2] 国家市场监督管理总局,国家标准化管理委员会.智能网联汽车自动驾驶功能场地试验方法及要求:GB/T 41798—2022[S].北京:中国标准出版社,2022.

[3] 李端,徐杰.智能网联汽车系统的网络安全风险分析[J].工业信息安全,2022(4):73-80.

[4] "基于LTE的车联网无线通信技术"系列标准通过审查[J].现代传输,2019,191(5):32.

[5] 田大新,王云鹏,鹿应荣.车联网系统[M].北京:机械工业出版社,2015.

[6] 马常霞,张占强.TCP/IP网络协议分析及应用[M].南京:南京大学出版社,2020.

[7] Hassnaa Moustafa, Yan Zhang. Vehicular Networks[M]. Taylor and Francis: CRC Press, 2009.

[8] 王泉.从车联网到自动驾驶[M].北京:人民邮电出版社,2018.

[9] 龙志强,李晓龙,窦峰山,等.CAN总线技术与应用系统设计[M].北京:机械工业出版社,2013.

[10] Institute of Electrical and Electronics Engineers. 以太网IEEE标准:IEEE 802.3—2012[S]. 2012-12-28.